优秀男孩必备的10个习惯和9种能力

升级版

蔡万刚 编著

中国纺织出版社有限公司

内 容 提 要

　　青少年时期是为未来播种的季节，此时的男孩都希望自己成才，但要想在未来有所作为，就必须具备良好的习惯和出色的能力，这是走向成功的基本要素。

　　本书根据青少年阶段男孩成长的特点，结合许多成长故事，详细讲解了男孩必须要具备的10个习惯和9种能力，旨在帮助男孩们提升综合素质，希望对每位成长中的男孩有所帮助。

图书在版编目（CIP）数据

优秀男孩必备的10个习惯和9种能力：升级版 / 蔡万刚编著. --北京：中国纺织出版社有限公司，2022.6
ISBN 978-7-5180-8478-4

Ⅰ. ①优… Ⅱ. ①蔡… Ⅲ. ①男生—青少年教育—家庭教育 Ⅳ. ①G782

中国版本图书馆CIP数据核字（2021）第063855号

责任编辑：张　羽　　责任校对：高　涵　　责任印制：储志伟

中国纺织出版社有限公司出版发行
地址：北京市朝阳区百子湾东里A407号楼　邮政编码：100124
销售电话：010—67004422　　传真：010—87155801
http://www.c-textilep.com
中国纺织出版社天猫旗舰店
官方微博 http://weibo.com/2119887771
天津千鹤文化传播有限公司印刷　各地新华书店经销
2022年6月第1版第1次印刷
开本：710×1000　1/16　印张：15
字数：141千字　定价：49.80元

凡购本书，如有缺页、倒页、脱页，由本社图书营销中心调换

前言

一百年前的一则招聘男孩的启事是这样写的：

现招聘男孩一名：

他要行如风、站如松，行为端正；

他要皮肤干净、着装整洁、指甲不乌黑，耳朵要干净，皮鞋要擦亮，勤洗衣服，打理头发，保护牙齿；

与人交谈时要认真倾听；不懂就问，但与己无关的事情不要过问；

他要行动迅速，不声不响就将问题解决；

他要看起来能量满满、对每个人笑脸相迎，从不生气；

他要礼貌待人，尊重女士；

他可以吸烟，但不时常吸烟；

他从不恃强凌弱，也不许别人欺负他；

如果不知道一件事他会说："我不知道。"当他犯了错误，他会说："对不起。"当别人要求他做一件事情，他会说："我尽力。"

他会正视你的眼睛，从不说谎；

他渴望阅读优秀的书籍；

他更愿意闲暇时间锻炼身体，而不是抽烟、喝酒；

他真诚实在，从不故作"聪明"或以任何形式哗众取宠；

他宁愿丢掉工作甚至是被学校开除，也不愿意说谎或是做小人；

他不虚伪，也不假正经，而是健康，快乐，充满活力；

……

看了这一则招聘启事，生活中的男孩们，你是不是也想成为这样的男孩？接下来，你是不是要问：我也想成为顶天立地、无所畏惧的男孩，但应该怎么做呢？要从哪些方面着手呢？如果你也想，那么，你就必须从现在起开始修炼自己，修炼自己的习惯和能力。

美国著名的心理学家威廉·詹姆斯说，播下一种行动，你将收获一种习惯；播下一种习惯，你将收获一种性格；播下一种性格，你将收获一种命运。

只有养成了良好的学习、生活习惯，我们才能充分地吸收养分，打好人生的根基。

当然，你若希望自己成为未来社会的人才，你还必须重视一些能力的培养，这些能力有：学习能力、行动能力、判断能力、表达能力、沟通能力、情绪管理能力、应变能力、适应能力、创新能力，这些能力就像一个人的各个器官，缺一不可。

因此，任何一个男孩，如果你希望获得进步，希望在未来成为一个优秀的人，你就必须重视这些习惯和能力的培养。然而，也许你会说，我该怎样获得这些习惯和能力呢？不得不说，任何人的成长路上，都要有一个知心朋友的陪伴，他能指引你走好人生的每一步，而本书就是这样一位朋友，书中阐述了每种习惯和能力的具体效用以及获得方法，相信你仔细品读它，定会有所收获！

编著者

2021年9月

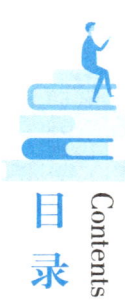

目录 Contents

第1章 学习习惯——按计划学习才能产生高效率 ……001

制订合理的学习计划，提升学习效率 ……002
严格要求自己，完成学习任务 ……006
养成每天阅读十分钟的习惯 ……010
先人一步，做好课前预习 ……014

第2章 生活习惯——男孩健康体魄来源于好的生活习惯 ……017

制订作息时间表，养成早睡早起的习惯 ……018
独立自主，自己的事情要自己做 ……021
热爱运动，做阳光男孩 ……024
自我调节，每天保持好心情 ……028

第3章 娱乐习惯——会玩会学才是健康快乐的小少年 ……031

健康上网，不沉迷网络游戏 ……032
多参加有意义的聚会 ……036
看电视也要有所节制，不做"电视迷" ……038
"非主流"装扮真的能彰显个性吗 ……041

001

第4章　礼仪习惯——从小做一个彬彬有礼的绅士 045

以礼待人，多说礼貌用语 046
尊敬和爱戴老师，和老师搞好关系 049
遵守学生着装礼仪，展现良好精神风貌 052
遵守课堂纪律，是最基本的校园礼仪 055

第5章　交友习惯——男孩要学习如何与他人友好相处 059

男孩做错了，要学会主动道歉赢得人心 060
大胆社交，学会表达出你的善意 063
用心关爱他人，做受人欢迎的男孩 066
守信，答应别人的事要做到 069

第6章　安全习惯——男孩也要学会保护自己 073

提高自我保护意识 074
出行要注意安全 077
慎重对待网络朋友，谨防上当受骗 079
运用法律武器，抵制校园暴力 082

第7章　花钱习惯——好男孩会有节制地花钱 085

花钱节制，物质消费绝不大手大脚 086
男孩要从小养成勤俭节约的习惯 089
积累财富，养成储蓄的习惯 091
精打细算，男孩要有正确的金钱观 093

第8章 思维习惯——学会从正确的角度思考问题 ············ 097

开动大脑，培养创造性思维 ············ 098
训练逻辑思维能力，成为高智商少年 ············ 101
换个视角看问题，跳出现有的思维框架 ············ 104
凡事思虑周全，提升成事的可能性 ············ 107

第9章 观察习惯——一切尽在细节之中 ············ 111

学做有心人，提高观察力 ············ 112
多方搜集信息并求证，提高观察的准确率 ············ 115
认真倾听，破译对方心态 ············ 118
如何通过对方的眼神读懂对方的内心 ············ 121

第10章 劳动习惯——自己动手，丰衣足食 ············ 125

尽早自立，做顶天立地的男子汉 ············ 126
男孩不要什么事都指望别人 ············ 129
勤奋的习惯终究会让你有所收获 ············ 132
遇事不逃避，做负责任的男子汉 ············ 135

第11章 学习能力——学习能力是所有能力的基础 ············ 139

重视培养自己的思维能力 ············ 140
拥有自主学习能力，做学习的主人 ············ 143
"知"与"行"统一，将学习运用到实践中 ············ 146

优秀男孩必备的10个习惯和9种能力：升级版

第12章 行动能力——好男孩用行动说话，不找借口 ⋯⋯⋯⋯149

今日事今日毕，每天进步一点点 ⋯⋯⋯⋯150
瞻前顾后，只会延误时机 ⋯⋯⋯⋯153
戒除拖延症，提升行动力 ⋯⋯⋯⋯156

第13章 判断能力——敏捷的判断力是聪明男孩的必备能力 ⋯⋯⋯⋯159

尽早培养明辨是非的能力 ⋯⋯⋯⋯160
机智应对，培养和强化应变能力 ⋯⋯⋯⋯163
遭遇突发事件，学会及时求助于人 ⋯⋯⋯⋯166

第14章 表达能力——语言生动，有说服力 ⋯⋯⋯⋯169

"敢于"当众说话，提升表达力 ⋯⋯⋯⋯170
言不在多，字字珠玑 ⋯⋯⋯⋯173
适时委婉表达，男孩说话不必直来直去 ⋯⋯⋯⋯176

第15章 沟通能力——好口才是优秀男孩的必备能力 ⋯⋯⋯⋯179

沟通中将说话的主动权交给对方 ⋯⋯⋯⋯180
真诚赞扬别人，会为你赢得好感 ⋯⋯⋯⋯183
欣然接受他人的批评和指正 ⋯⋯⋯⋯186

第16章 情绪管理能力——优秀男孩不随意发泄情绪 ⋯⋯⋯⋯189

心平气和，别总和父母对着干 ⋯⋯⋯⋯190
无论如何，别用乱发脾气来宣泄你的情绪 ⋯⋯⋯⋯193
良好的情绪管理能力，是男孩成熟的标志 ⋯⋯⋯⋯196

第17章 应变能力——聪明男孩要有灵活的好头脑 ·················199

机智应对，找到出路 ·················200
快速识别他人的刁难，并巧妙避开 ·················203
社交场合冷场时如何巧妙救场 ·················206

第18章 适应能力——要善于调整心态，相时而动 ·················209

抱怨环境，不如改变自己 ·················210
适者生存，头脑灵活才能解决难题 ·················213
遇到困难，要有调整自我和迎难而上的心境 ·················216

第19章 创新能力——创新让一切生机勃勃 ·················219

突破常规，超越现在 ·················220
抛弃守旧，敢为人先 ·················222
有勇有谋，智勇双全 ·················225

参考文献 ·················229

学习习惯
——按计划学习才能产生高效率

　　任何一个男孩进入学龄期后,都要入学,学习成绩的好坏从一定角度上来说是衡量男孩学习状况好坏的重要指标。然而,男孩毕竟也是孩子,他们在学习上缺乏一定的自觉性和自制力,而这就需要男孩学习制订学习计划。按照计划学习,完成学习任务,一步一个脚印,学习效率自然能提升。

优秀男孩必备的10个习惯和9种能力：升级版

制订合理的学习计划，提升学习效率

班级每个月的家长会又到了，会上，大家七嘴八舌地说起来。

"陈诚是怎么学习的呀？"一些家长凑在一起讨论。

"听说他并没有每天晚上做题到深夜，我家儿子每天都做好多习题，可是学习成绩就是不见好，这是怎么回事呢？"

"是啊，我家儿子也是，好像每天都忙忙碌碌的，有时候，饭都顾不上吃，努力学习，可学习成绩还是处在中等水平。"

这时，另外一位家长说："他们现在已经是初中生了，不能再以从前的学习方法学习，得重新制订一个合理的学习计划，他们才会高效地学习呀，不然学没学好，玩没玩好，孩子两头受累啊！"

每个学习阶段的男孩都想成为一名优秀的学生，尤其是到了青少年阶段，随着学习任务的加重、学习难度的加大，他们更是认识到必须要努力学习，唯有如此，才能走在队伍前列。但事实上，他们似乎总是力不从心，感觉时间不

第1章
学习习惯——按计划学习才能产生高效率

够用,学习效率也很低。这是为什么呢?

其实,这是因为你缺少一个合理的学习计划,合理的学习计划是提高成绩的行动路线和有力助手。没有学习计划,学习便失去了主动性,容易造成东抓一把西抓一把,以致生活松散,学习没有规律,抓不住学习的重点,因而总是被其他同学远远地甩在后面。

因此,每个男孩都要学习制订一份合理的学习计划,按照学习计划学习,能养成守时、有序、高效的好习惯,是每个男孩一生受用不尽的财富。从人生成功的角度讲,统筹规划的意识和能力是一个要做大事的人取得成功所必须具备的一项重要素质,而这种素质只能在从小就习惯制订具体的学习计划并严格执行的实践中才能培养形成。

那么,你应该如何制订学习计划呢?

你可以遵循以下几个原则:

1.合理安排时间,制订出作息时间表

你可以制订出一张作息时间表,在表上填上那些非花不可的时间,如吃饭、睡觉、上课、娱乐等。安排这些时间之后,选定合适的、固定的时间用于学习,必须留出足够的时间来完成正常的阅读和课后作业。完成这些后,你要看看在时间上的安排是否合理,比如,每次安排的学习时间不要太长,40分钟左右为最佳。学习不

应该占据作息时间表上全部的空闲时间,总得给休息、业余爱好、娱乐留出一些时间,这一点对学习很重要。一张作息时间表也许不能解决所有问题,但是它能让自己了解如何支配你这一周的时间。

优秀男孩必备的 10 个习惯和 9 种能力：升级版

2.学习任务明确，目标切合实际

制订完学习计划后，你可以找家长加以审核，要确保学习任务明确，目标符合实际，因为很多孩子制订学习计划时，总是"雄心勃勃"，一天的时间恨不得完成一周的任务。这样不切实际的目标往往是导致计划不能正常执行的主要原因。

3.学习计划应与教学进度同步

在制订学习计划的时候，一定要注意这点，只有这样，你才能把预习和复习加进学习计划中。这就要求，在制订学习计划时，要以学校每日课程表为基准，参照学校老师的授课进度，再结合自己的学习状况制订。

4.计划应该简单易行且富有弹性

整个计划要有一定的机动灵活性。正常情况下，计划都应该严格按时完成，但你的生活会受很多因素影响，难免会有特别的情况，所以就要求计划不能过于僵死呆板，要有一定的灵活性，可以不至于因为一个环节不能完成而打乱后面的

他们已经是初中生了，需要有一个合理的学习计划，才能高效地学习，学时好好学，玩时好好玩。

004

所有计划。

  当然，学习计划应该由你自己来制订，你可以请父母从旁协助，帮助你把学习计划合理完善、监督自己的执行、结合实际提出修改意见等，但不能让父母代劳，这样的学习计划是没有意义的。

  总之，任何一个男孩，要想提高学习成绩，就要养成制订学习计划的好习惯，让学习更有章法，学习效率自然就提升了。

优秀男孩必备的10个习惯和9种能力：升级版

严格要求自己，完成学习任务

可能不少青少年阶段的男孩都已经深知完成学习目标的重要性，但在实际操作的过程中，总会出现这样那样的因素，使得他们达不成目标。但无论如何，你需要记住的是，严格执行自己的学习目标，才能真正看到良好的学习效果。

事实上，不少男孩之所以学习成绩优异，与其严格地要求自己的学习态度是分不开的。

"我的学习还不错，但是我还想让自己的成绩更上一层楼。我也不知道自己怎么搞的，每次定的目标都不能实现，比如说，我双休日打算复习什么功课或者做某件事，都不会按我的计划进行。我学习上还有一大阻碍，就是外语，看见那密密麻麻的单词，我就头疼，我怎样才能做好呢？"

这可能是很多青少年的心声，他们也想努力达成学习目标，但似乎总是事与愿违，而没有严格执行学习目标又会让他们产生心理压力，于是，恶性循环

第1章
学习习惯——按计划学习才能产生高效率

下去，他们的目标收效甚微。

那么，到底该怎样做才能努力完成学习任务呢？以下是几点建议：

1.严格遵守作息时间

最好是有人能成为你时间上的标杆，而他的作息时间是可以作为模范的，这个人一定是能严格遵守作息规律的人。如果是在高三阶段，这个人应该不难找。那么，你可以跟随这个人的作息时间来安排学习和生活。一个人的乱，第一问题是出在作息不规律上面。

2.提高学习效率

无论你做什么事情，当你决定去做了以后，面对学习任务和工作任务的第一件事：是认真地默默告诉自己——这件事我会在多少时间内完成，比如记好一个公式需要几分钟，解完一道题是几分钟，或者完成一项工作要几分钟。要让自己用尽量少的时间来完成一件事情。效率提高了，自然而然你的状态就回来了。

3.细化工作计划

有些男孩给自己定的目标总想着一下子就能实现,又不可能,于是白白地给自己增加了心理压力。还有的同学目标定得不小,可就是不肯做好眼前的一件一件极小的事,比如,弄懂一道习题,记好一个英语单词,学会一个成语,等等。这些事情虽

小,可大目标正是由它们累积起来的。而小目标又是很容易实现的。所以要学会把大目标分解为若干层次的小目标,这叫作目标分解法。它可以分散人对大目标的注意,而着眼于一个个较容易达到的小目标,从而减轻心理压力,增强信心,实现目标。由于这种分解只是心理上的,所以有的心理学家把这种方法称为"心理除法"。心理压力没有了,人就可以轻轻松松实现目标了。

的确,计划不能是目标性的,而应该是任务性的。要细化到每天完成几个具体的小任务,如果是学习,那么就是几页书、多少个知识点、几份试卷,如果是工作,那么就是几项任务、几个电话、几项记录与反馈等。计划越大,表明你内心越紧张、越忙乱,自然也就越无从下手。计划越细小、越具体,你实现起来也就越容易,对自己的信心也就越来越大。

4.巩固锻炼习惯

有条件的话,要坚持早晚各进行15分钟的慢跑活动,在3000米左右,如果没有室内场地可以考虑爬楼梯。你的身体苏醒了,你的心理状态自然也苏醒了,学习其实与心理状态很有关系。

5.多做积极暗示

在心理学上，有个名词叫"心理暗示"。比如，如果你经常暗示自己"我无法达成自己的学习目标"，那么，你就等于给自己贴了一个消极的"标签"，并不断地给自己一种消极暗示：我定了目标也不能实现。于是，你在心里就会放

弃努力，那么，你的学习目标也就真的无法达成了。因此，你最好经常给自己积极的暗示："我一定能完成"这一积极的自我鼓励，能让你朝着良性的方向努力和发展。

做到以上几点，相信你能有效地提高自己的耐力和意志力，最终实现自己的学习目标。

优秀男孩必备的 10 个习惯和 9 种能力：升级版

养成每天阅读十分钟的习惯

培根说："书籍是在时代的波涛中航行的思想之船，它小心翼翼地把珍贵的货物运送给一代又一代。"歌德说："读一本好书，就是和许多高尚的人谈话。"书籍是人类进步的阶梯，是智慧的源泉，而对于一个男孩来说，读书是开阔眼界的根本方法。经常出入图书馆、进入浩瀚的书海，男孩会变得越来越自信，变得越来越有气质。因为阅读对人的精神世界有润养作用，因此，每个男孩都要养成坚持阅读的习惯。

但实际上，出于很多原因，很多男孩小时候对书籍的好奇以及兴趣经常被以父母为中心的家庭教育扼杀了，有些家长认为"成绩才是王道""应该把精力放在学习上，阅读太多影响学习"，另外，繁重的学习压力也让很多男孩们无暇顾及课外阅读。而实际上，作为男孩，你要明白，阅读也是学习的一部分，你不仅会因此开阔眼界，还能在书中培养自己宽广的胸怀。

王亚南是我国著名的马克思主义经济学家，也是最早翻译了《资本论》

第1章
学习习惯——按计划学习才能产生高效率

的人。

读书时代的王亚南曾为了争取更多的时间读书、不叫自己懈怠，将自己睡觉的木板床锯掉一只脚，成为三脚床。这样，每到半夜、当他学习疲惫想上床睡觉时，迷迷糊糊中就会因为不平稳而惊醒过来，此时，他便立即下床，继续学习。

就这样，王亚南运用这一方法坚持伏案阅读，春去秋来、天天如此，结果他年年都取得优异的成绩，被誉为班内的"三杰"之一。

1933年，王亚南乘船去欧洲。途中，海上突然狂风大作，顿时巨浪滔天。当时，王亚男正在甲板上看书，但是他的眼镜却被风追走了，他赶紧对旁边的工作人员求助："麻烦你把我绑在这根柱子上吧！"

这句话让站在旁边的工作人员不禁笑了起来，因为他认为这位乘客可真胆小，因为怕被风浪卷走就请求被绑起来，可令他意外的是，当他真的将王亚南绑在柱子上时，王亚南居然认真地打开书本，然后翻开书，聚精会神地看起书来。船上的外国人看见了，无不向他投来惊异的目光，连声赞叹说："啊！中国人，真了不起！"

男孩们，你应该学习王亚南爱读书的习惯，并逐渐在生活中培养读书的习惯，长此以往，你必定会爱上阅读。

那么，男孩们该如何在生活中培养爱读书的习惯、又该如何从书中获得知识呢？这需要你做到：

1.去伪存精，学会挑选健康、积极、有益于自己身心发展的书刊

我们不得不承认，现在市场上充斥着各种书刊，并不是什么书目都是适合青少年阅读的，真正有品位、适合鉴赏的寥寥无几。

约翰逊医生说："一个人的后半生取决于他读到的第一本书的记

忆。"因此,男孩们,你需要记住,如果一本书不值得去阅读,就不要过于强调阅读的数量,甚至可以不去阅读,因为那样只会让自己装了一肚子的书,却解决不了生活中的一个小问题。对此,你可以询问父母,让父母引导自己找出喜欢且优秀的文学作品,而不要浪费时间阅读垃圾文字。

2.注意培养自己的阅读方法

要学会带着感情阅读,这有利于培养自己的表达能力以及想象力。另外,你还可以写一些读书笔记,写出自己的感受。另外,睡前是最佳阅读时机,浅睡眠时期最容易进行无意识的记忆,因此睡前的阅读一定要把握。

3.将书本上的知识与生活认知结合起来

比如,在周末你读完一本海洋动物的书后,就可以去海洋馆看看海豚、海豹到底是什么样子;看过植物书后,就可以去野外认识各种可爱的植物。这样就可以使阅读变得很有趣,你的读书兴趣就会逐渐建立起来。

书中自是知识的海洋,其实,爱上阅读并不是什么难事,关键是你要学会读什么书,怎么读书,慢慢养成良好的读书习惯,你就会爱上读书。

4.每天最少阅读十分钟

任何习惯的养成最少需要21天,阅读习惯也是如此,一开始,你可以在父母监督下阅读,当你养成习惯后,就会把阅读当成每天的精神食粮了。

优秀男孩必备的 10 个习惯和 9 种能力：升级版

 先人一步，做好课前预习

我们都知道，满堂灌是中国各级学校一大特色，老师在讲台上滔滔不绝地讲，学生在台下无精打采地听。很多男孩也已经习惯了这样的学习方式，然而，你是否经常感到学习很吃力，无法消化课堂知识？其实，如果你能在课前做足准备，那么，在听课时，你就能做到有的放矢，听课效率自然高得多。

凡是学习成绩优异的男孩，都是有预习的习惯的。的确，课前预习就像作战时的侦察工作，哪是明碉，哪是暗堡，哪是最坚固的地方，哪是薄弱环节等都能通过预习了解。

的确，课前准备对于学习的裨益是多方面的。

首先，独立的课前准备能帮你独立地阅读和思考新知识，从而加快阅读速度，也有助于你的分析综合和归纳演绎、判断、推理等能力。

第1章
学习习惯——按计划学习才能产生高效率

其次,课前准备能帮助你发现知识上的不足,从而做到查缺补漏。

最后而最为重要的是,课前准备能提高你听课的效果。当你带着不懂的问题听课,目的明确,态度积极,针对性强,注意力容易集中,并能随时作出积极的反应。预习后不仅上课容易跟上老师的思路,而且在老师讲到自己已经懂得的那部分知识时,还可以把自己的思路和老师的思路进行比较,以取长补短,提高思维能力。

的确,可能很多孩子会认为,复习在学习过程中很重要,而其实,课前准备也同样重要。当然,前提是你必须要掌握科学的预习方法。如果预习不得法,有时反而会适得其反。有时候,在准备的过程中,你原本只是抓住了一点皮毛,反倒认为自己都听懂了,上课就不注意听讲,这样就把知识的来龙去脉等重点错过了,显然是捡了芝麻丢了西瓜。

1.根据老师的上课方式预习

在制订自己的预习方式时,最好先想想老师的上课方式是怎么样的,或索性直接去问一下老师,怎么样预习。因为预习的目的是课堂能听得更好,而课堂计划是由老师来制订的,所以你的预习也要与课堂配套起来。

2.与习题配套预习,以便帮助查漏补缺

这就意味着,你在认真投入学习之前,先把要学习的内容快速浏览一遍,了解学习的大致内容及结构,以便能及时理解和消化学习内容。当然,这要注意轻重详略,在不太重要的地方可以花少点时间,在重要的地方,可以稍微放慢学习进程。另外,在准备前,你可以购买一本与课本配套的练习册,买练习

015

 **优秀男孩必备的 10 个习惯和 9 种能力:** 升级版

本时特别注意,别买参考答案只有答案的那种,而要选择有详细解答过程的,这样有助于你理顺思路,做错了也能弄明白为什么错,对于不懂的地方就要做出标记。

第 2 章

生活习惯
——男孩健康体魄来源于好的生活习惯

每个男孩都知道身体是革命的本钱,良好的身体素质是其他一切的基础。一些男孩无法好好地生活、学习,不是败在了智力上,而是败在了体质上。任何一个男孩,都希望自己成为一个健美的帅小伙,那么,你就需要养成好的生活习惯,并运用到日常生活中,这样,你一定能成为一个体格强健的男子汉!

优秀男孩必备的 10 个习惯和 9 种能力：升级版

制订作息时间表，养成早睡早起的习惯

俗话说"身体是革命的本钱"，任何一个学习阶段的男孩，都希望自己成绩优异、出类拔萃，但即使如此，也不可给自己过大的压力，只有劳逸结合，才是高效学习的前提，而这就需要男孩制订作息时间表，养成早睡早起的好习惯。

最近，冲刺中考的洋洋总觉得自己时间不够，生怕自己考不好，不能进省重点高中，于是挑灯夜战，想抓紧最后一段时间多复习点，可由于休息不够，导致精神萎靡，心神不定，上课也提不起精神，为此，洋洋妈妈很担心。

生活中，不少男孩和洋洋一样，认为只有抓紧时间学习，不放过每一分每一秒，尽可能地多学习东西，才能学习好，其实这是一种误解。因为休息不好，会对眼睛、大脑不好，因为睡觉就是要自己的大脑休息的，如果休息不好就达不到休息的目的。反而，休息不好这一整天你会觉得全身无力，提不

第 2 章
生活习惯——男孩健康体魄来源于好的生活习惯

起精神。

　　这里就存在一个效率的问题。效率指什么呢？好比学一样东西，有人练十次就会了，而有人则需练一百次，其中就存在一个效率的问题。如何提高学习效率呢？其实最重要的一条就是劳逸结合。

　　学习效率的提高最需要的是清醒敏捷的头脑，所以适当的休息、娱乐不仅仅是有好处的，更是必要的，是提高各项学习效率的基础。

　　睡觉是最常见的休息方式之一，也对恢复人体能力有着巨大的作用。其一是消除体力疲劳，其二是消除精神疲劳。另有一种观点认为，睡眠的主要功能是缓解大脑的疲劳。实际上，任何人的一生中，都有大概三分之一的时间是用于睡觉的。刚出生的婴儿，每天睡眠时间最少20个小时，即使成人后，每天也要保证6～7小时的睡眠。对于处于身体发育阶段的男孩们来说，充足的睡眠也是必需的。

　　当今社会已经不是一个"头悬梁锥刺股"即能成功的社会。学习上也是，时间加汗水、加班加点、牺牲休息时间、完全不顾自己的身体有损身体健康，又没有效率，往往导致事与愿违。

　　那么，男孩们如何保证良好作息呢？

1.每天保证8小时睡眠

　　每个男孩都要保证晚上不要熬夜，定时就寝。中午坚持午睡，充足的睡眠、饱满的精神是提高效率的基本要求。

019

2.用饮食来协助调整

饮食也会影响睡眠，如果晚餐吃得过饱或摄取热量过高的食物，可能会出现肠胃不适，或者精力过于充沛，这些都会导致睡眠质量不好。长此以往，对身体的健康十分不利。因此，我们都要注重早餐吃饱、午餐吃好、晚餐吃少的原则。

3.睡好午觉

不要忽视午觉的作用。在午餐和晚餐中间，一般人都会觉得头昏脑涨，思路缓慢，好像也不太能集中精神，这是人正常的生理反应。愈来愈多的证据显示，在经过半天的活动之后，有一股力量会驱策我们休息一下。同样，学习阶段的男孩更应重视午觉的作用。过度用脑会对大脑发育有不利影响，也不利于下午的学习。

4.制订生活作息制度

制订一个生活作息制度，每天什么时间干什么，如果没有特殊情况不要变动。

要持之以恒，每天都坚持早睡早起。不能一到周末就玩到深夜，周末早上赖在床上不起来，这样很难使自己养成良好的睡眠习惯。相信时间长了，你就会养成遵守作息制度的好习惯。

第 2 章
生活习惯——男孩健康体魄来源于好的生活习惯

独立自主,自己的事情要自己做

任何人的成长过程都应该是一个逐渐独立与成熟的过程。但现代社会,对有些青少年来说,对别人尤其是父母的依恋常常困惑着自己。一旦失去了可以依赖的人,他们常常会不知所措。如果你具有依赖心理而得不到及时纠正,发展下去有可能形成依赖型人格障碍。

我们不难发现,社会上还有一些青少年受到了教育的"温室效应"的毒害,教育的"温室效应"主要是指受教育者受到家庭、社会、学校尤其是家庭方面的溺爱,造成他们任性固执、追求享受、独立性差、意志薄弱、责任感淡漠的社会现象。对于他们来说,破除对他人的依赖极为重要。

任何一个男孩,都应该从小做些自己力所能及的事情,逐步养成爱劳动的生活习惯,这对他们的一生意义深远。

有位妈妈在谈到教育儿子的心得时说:"我们家里虽然是祖孙三代,可孩子的爷爷奶奶对儿子的独立性培养很重视。只要是儿子能力范围可以完成的事情，我们都让孩子自己做，其他人在旁边，在必要的时候给予孩子指导。突然有一天，儿子高兴地说：'我自己会穿衣服了，你们都下去吧，我自己的事情自己做。'让我感到十分高兴的是，他竟然真的自己穿上了衣服。虽然穿得歪七扭八的。我不失时机地夸奖了他，他高兴得一蹦一跳的。"

的确，任何一个男孩，都要离开父母的怀抱，走进竞争的社会。越早自己面对问题，就越早自立。男孩们，从现在起，你必须学会自己面对很多问题，为此，你需要做到：

1.要充分认识到依赖心理的危害

这就要求你纠正平时养成的习惯，提高自己的动手能力，不要什么事情都指望别人，遇到问题要做出属于自己的选择和判断，加强自主性和创造性。独立的人格要求独立的思维能力。

2.坚持自理

进入青春期的你，已经不是儿童了，因此，你应该开始自理了。这时，即使家长要为你包办，你也应该拒绝。大胆动手尝试，坚持自己动手，才能在潜移默化中培养自理能力。另外，你需要做到坚持到底，不要凭一时的新鲜做事，而要保持持久，因为自理能力不是一朝一夕能培养成的，需要对自己进行反复的强化和持之以恒的锻炼。

3.学会独立应变生活中的一些问题

不管做什么事,总会有一个从不会到会的过程。你可以独立去面对一些生活中的小问题,比如,妈妈不在家,你自己做饭吃;家里来了客人,你学会主动招呼等。

男孩们,你要认识到,现在的你已经是大人了,你应该在生活中照顾自己,遇到困难时,先自己想解决办法,解决不了的再求助于父母。当然,有些问题你也可以向父母寻求指导。

优秀男孩必备的10个习惯和9种能力：升级版

热爱运动，做阳光男孩

我们都知道，生命在于运动，美国运动医学院的研究告诉我们，正确的运动方式能帮助人们获得健康的机体和苗条的身材。不过，现实生活中，不少男孩的家长认为男孩只要认真学习就可以，而忽视了对男孩身体素质的历练，这导致了不少男孩抵抗力差、免疫力不足等。而实际上，体育锻炼能够改善神经系统的调节机能，对于学生们学习能力的提高起着积极作用。比如学习累了，到户外活动一会儿再回来学习，学习效率肯定会提高。这也是我们安排课间十分钟的原因。

那么，体育锻炼为啥能起到锻炼人的身体的作用呢？其实这主要是通过神经系统的影响实现的，那些经常参加体育锻炼的人，无论是大脑皮层的神经细胞的兴奋性、灵活性，还是耐力方面都会高于那些不经常进行体育运动的人。因此，从男孩自身来说，要经常进行体育运动，并形成习惯。久而久之，当你

第 2 章
生活习惯——男孩健康体魄来源于好的生活习惯

养成了运动的习惯后,不但可以消除疲劳,还能减少或避免各种疾病。

那么,具体来说,我们该如何引导呢?

1.不断学习,了解各种运动的好处

在平时的生活中,你可以多了解一些运动的好处,激发对运动的兴趣。

体育运动项目丰富多彩,各种活动对身体的影响也不尽相同,比如,足球这项运动讲究的是团体合作,如果你缺乏这种意识,可以尽量朝这方面发展,这样不仅锻炼了身体,也完善了性情。

2.选择适合自己的运动方式

也许你会产生疑问,中学生可以参与哪些运动呢?

运动分有氧运动和无氧运动两种,无氧运动一般都是短时间高强度的,对人的意义不大,弄不好还容易伤到自己。而有氧运动对人不但有锻炼身体的效果,而且还能调节情绪问题,有效地应对情绪"中暑"。

常见的有氧运动项目有:步行、快走、慢跑、滑冰、游泳、骑自行车、打太极拳、跳健身舞、跳绳、做韵律操等。有氧运动特点是强度低、有节奏、不中断和持续时间长。同举重、赛跑、跳高、跳远、投掷等具有爆发性的非有氧运动相比,

 优秀男孩必备的10个习惯和9种能力：升级版

有氧运动是一种恒常运动，是持续5分钟以上还有余力的运动。当然，无论做什么运动，你都要做到坚持，而不能三分钟热度。长时间坚持下来，你会发现，自己不仅拥有了一个健康的体魄，还能经常释放心理压力，重新获得学习的能量。

3.充分利用社区的体育器械

一般来说，每个小区都配备了一套基本的锻炼身体的体育器材，你可以在学习之余锻炼身体，这是最便捷的运动方式。

4.周末多安排运动项目来休闲

双休日时，不要把大把的时间放在睡懒觉、逛街、看电视上，应该有计划地进行爬山、郊游等活动，你可以主动邀请父母一起参加，这样，不仅增加了阅历，还锻炼了身体。

5.参加一些体育项目培训班

如果你对某些体育项目感兴趣，比如男孩子受武打片的影响可能喜欢武术、跆拳道，受体育比赛的影响，喜欢游泳、射击等活动。此时，你可以努力发展这些爱好、参加培训班，在兴趣中达到强身增智的效果。

当然，你需要注意的是，运动不能超越身体极限，在你进行剧烈运动之前，要了解自身体能，做运动的时候把握住度，不能超越身体的极限，以免发生危险。

自我调节，每天保持好心情

我真棒！

在学校的初三年级，有个特殊的男孩，他先天性左眼失明，视力远不如正常同学，但是他每天依然很开心。

有同学问他："你为什么这么高兴？"

他说："那有什么不高兴的呢？"

"你的左眼看不见啊。"

"可是我右眼看得见啊。"

他总是这么积极乐观，同学们都喜欢跟他做朋友。

他确实是个值得人敬佩的男孩，每个男孩都应该学习他这种乐观的心态。

生活中，随着男孩的成长，每个男孩都会逐渐感受到许多心理冲突和压力，处于各种心理矛盾的包围中。这使得很多男孩心情不好，导致生活和学习都受到影响。甚至，如果这种不快的心情长期不能得到解决，就可能在情绪情感、性格特征及日常行为等方面出现种种问题，甚至出现较严重的心理及行为偏差，乃至精神疾病。因此，男孩要记住，心情好，一切都好。那么，心情不好的时候，该怎么办呢？

1.自信是好心情的基础，是快乐的源泉

所谓快乐，越快越乐，越乐越快。形成一个良性循环，就不难拥有良好的心态，也就能控制自己不快的情绪。

任何人拥有自信，就拥有了快乐与开心的资本。俗话说得好：尺有所短，寸有所长。每个人各有所长，各有所短，每个人都有自己的优点与别人不能企及的地方。因此，青春期的男孩们，不要总是盯着自己的缺点、短处和现在，而要学会欣赏自己，多看自己的优点、长处和未来。总之，要想办法让自己自信，自信就能快乐，快乐就能发掘潜能，就能高效。

2.懂得正确地宣泄自己的不良情绪，以减轻心理压力

你可以试着找真诚的朋友听你诉说心里的苦闷，多听听他人的意见，多从积极且乐观的角度去想事情，微笑着看待生命中的每件事。同时，你也可以找到其他适合自己的放松和发泄方式，比如逛街、欣赏音乐、跳舞、跑步和看书等。

思维心理学专家史力民博士指出："乐观是成功的一大要诀。"他说，失

败者通常有一个悲观的"解释事物的方式",即遇到挫折时,总会在心里对自己说:"生命就这么无奈,努力也是徒然。"由于常常运用这种悲观的方式解释事物,无意中就丧失了斗志,不思进取,也就错过了人生中最美好的"群星"。

3.扩大交往范围,摆脱孤独

每个人都有一种归属的需要,都希望被人认同,找到一种社会归属感,并希望从团体中得到价值的认定。研究发现,人际交往有助于身心健康。当你真诚地关心别人、帮助别人,无私奉献自己的一片爱心时,你会欣喜地发现,你获得的比你给予的更多。千万不要因为怕别人不高兴而把自己同他人隔绝开来。孤独只会使抑郁状态更加严重。

另外,人与人之间的关系如何,当然会影响到一个人的心情,而情绪的好坏直接影响到一个人的学习和工作效率。每天有个好心情,做事干净利落,学习积极投入,效率自然高。另一方面,把个人和集体结合起来,和同学保持互助关系,团结进取,也能提高学习效率。

总之,每个男孩都要注意修养自己的快乐之道,并把快乐传递给周围的人。从现在起,做一个快乐的人,并且把你的快乐传递给你的父母、老师和同学,创造一个良好的快乐的学习氛围,这对于成长是很有利的。

第 3 章

娱乐习惯
——会玩会学才是健康快乐的小少年

生活中，无论是谁，在工作和学习外，都需要娱乐和休息。尤其是那些处于成长期的男孩，他们更常常在娱乐和游戏中认识自我，因为通过选择决定玩什么或者做什么、和谁一起玩等，可以逐渐丰富自我概念，并获得身份认同和自我意识。然而，男孩毕竟还是孩子，在娱乐中如果不加以约束，就有可能沉迷其中。因此，每个男孩都要养成一定的娱乐习惯，让自己在学习和玩乐间平衡好，做一个会玩会学的快乐小少年。

健康上网，不沉迷网络游戏

现代社会，互联网已经盛行，互联网在给人们的生活带来方便的同时，也给人们带来一定的毒害。尤其是对于一些处于学习阶段且自制力不强的男孩来说，上网聊天、玩游戏似乎已经成了每日必做的功课。上网无可厚非，但沉迷网络，肯定不是什么好事。如果你也为网络游戏困扰，那么，你应该狠下心来，切断电源，将注意力重新转移到学习上来。

曾经有一篇报道，讲述了一个15岁少年迷恋上网、沉迷网络游戏的经历。

他和很多同龄的少年一样喜欢追求个性、时尚的生活。他出生在一个幸福的小康之家，家中的长辈很疼爱他，尤其是爷爷奶奶。同龄人能拥有的一切，如电脑、手机、MP4……长辈都给他买了。

他也一直是个很听话的孩子，直到初二的时候，他被同学带去了网吧。接触到了网络游戏，他就一发不可收拾了，平时一放学要么钻到网吧，要么就去同学家通宵打游戏。家长知道这样不是办法，便跟他说了几句。谁知道，孩子不但不听，反而变本加厉，甚至偷钱去网吧上网，爸爸一气之下打了他一巴掌，从没被父母如此训斥过的他负气离家出走了。

无奈之下的父母只好报警，幸好最后，警察在隔壁市的一间网吧找到了他。

现实生活中，有不少这样的青少年沉迷网络游戏。不得不说，现代社会，互联网的盛行，在给人们的生活带来便捷的同时，也毒害了不少不懂得节制上网的青少年。

事实上，一个人要想有一番作为，就必须要静下心来学习，就要学会自控，控制自己的"玩"心，剔除自己的享乐主义心理。事实上，那些成功者之所以成功，并不是因为他们喜欢吃苦，而是因为他们深知只有磨炼自己的意志，才能让自己保持奋斗的激情，才能不断进步。

因此，男孩们，无论何时，你都要控制自己的"玩"心。享乐只会让你不断沉沦。闲暇时你不妨多花点时间看书、学习，不断地充实自己，才能在未来激烈的社会竞争中立于不败之地。

的确，一个整天玩乐的人就如同一具行尸走肉，真正的快乐其实并不是玩乐能带来的，而是需要努力充实自己的心灵才能获得。当然，如果你是一个爱玩，尤其是爱玩网络游戏的人，那么，从现在开始学会自控、纠正自己的玩乐心理并不晚，这需要你做到：

1.自我心理建设，提升自制力

控制自己往往是在自己理性的时候，而不想控制自己往往是在感性的时候。所以矫正自己的玩乐心态的最好方法就是进行自我心理的理性建设。当然，对于玩乐，没有人能够完全避免，所以只能改善。以下是两种心理建设的方法：

（1）替代法

当你想玩游戏的时候，你可以用运动、唱歌、看书等活动来代替。当你沉浸在其中的时候，游戏对你的诱惑也许就慢慢消减了。

（2）比较法

你可以在内心作一个比较：此时"玩"与"不玩"会有什么区别？玩游戏可能会耽误你的学习和工作，影响你的休息。但"不玩"，你会节约出很多时间做其他事情，相比较而言，哪一选择更明智，很明显是后者。长期的心理建设会让你逐渐摆脱对游戏的欲望。

2.把电脑放在家里的"公共场所"

你可以把电脑放在家里的"公共场所"，如客厅或公用的书房等，这是帮助自己安全上网最简单的方法。

3.转移注意力

调查发现，喜欢网络游戏的人很聪明，而且动手能力强，但是长期下去却有可能导致他们的智力水平降低。因此，如果你也是这样，一定要立即转移自己的注意力，你可以多参加一些科技活动，充分发挥自己的特长，循序渐进地把求知

欲和好奇心引向健康轨道。

　　成长中的男孩，有不少人喜欢玩网络游戏，即使你是个爱玩游戏的人，这也无可厚非，但不能沉溺其中。不过你也不可能完全限制自己的行为，毕竟一个人不可能24小时都工作或者学习，因此，你最好学会循序渐进地调整，你可以为自己制订一些小计划，比如限制玩游戏的时间，但无论如何，你一定要完成。如果你完成不了，那你一定要找出原因。

多参加有意义的聚会

林女士最近发现儿子小坤一回家就数零花钱,心想着儿子肯定是要买什么东西,便问:"小坤,该买的东西妈妈都会给你买的。"

"不是这事,妈妈,最近我们班要办个活动,需要每人交三十块钱。"

"什么活动?"

"其实,也不是什么重要的活动,我都不想去,是班长组织的,说我们马上要升初中三年级了,想办个聚会,可以多交流一下学习心得之类的。"

"这是好事啊,应该去呀。"

"妈妈,你也知道,我就只有一两个好朋友,所谓的聚会,我估计就是在一起吃吃喝喝,哪里是交流什么心得呀?而且,现在学习这么紧了,这不是浪费时间、金钱和精力吗?但大家都已经交钱了,我一个人不去,我又怕人家说我。"

"你考虑得的确挺多,但是你想,既然学习很紧张,你可以把这次聚会当成一次放松的机会呀!妈妈觉得你们班的这次聚会还是有意义的,既然大家平

第 3 章
娱乐习惯——会玩会学才是健康快乐的小少年

时相互交流的机会少,何不趁这次机会,大家重新认识一下彼此,你说呢?"

"妈妈说得对,说不定,我还能交到新朋友呢。"

很多男孩忙于繁忙的功课和三点一线式的生活,每天的生活紧张又千篇一律,慢慢地,和同学陌生了,和朋友疏远了,生活也枯燥无味。因此,一些有意义的聚会,男孩们可以多参加。

1.锻炼一个人的交际能力

参加此类聚会最重要的益处就是能锻炼一个人的交际能力。另外,参加一些有意义的聚会,比如同学聚会,还能联络同学之间的感情,拉近和同学之间的距离,让你更受同学的欢迎。

2.适当调节学习压力和吐露心事

参加聚会也是适当调节学习压力和吐露心事的一个重要方法,毕竟同龄人之间有着太多的相似点,面对每天同样紧张枯燥的学习生活,彼此更容易引起共鸣,相互之间的交流能减轻生活和学习的压力,彼此之间的鼓励也会让你鼓起勇气和信心,继续努力学习!

因此,参加有意义的聚会是有益处的,当然,这个前提是参加有意义的聚会。

037

看电视也要有所节制，不做"电视迷"

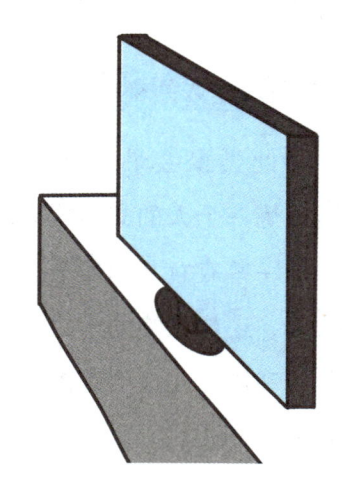

"星星，快去睡觉吧，都十点了。明天还要起来上学呢。"妈妈又催了一遍。周日一整天，星星都没出门。爸爸想带他去图书馆走走，他说不想去。妈妈带他去逛街，他也说不想去。他就窝在沙发上看电视，这个频道看完，看另外一个频道，实在没节目了，他宁愿看广告，也不愿意将视线离开电视。

星星的这种情况已经持续有一段时间了，甚至影响到了正常学习和生活，星星的眼睛也近视了。妈妈很担心，便带他去医院看，结果医生说，星星是患上了"电视依赖症"。听完医生的话，星星和妈妈相互看了一眼，"什么是电视依赖症？"

我们都知道，电视是现代文明的一个重要发明。通过电视，人们可以了解世界、娱乐、消遣。但电视并不是百利而无一害的，过多地依赖电视只会让人们浪费时间、浪费生命。

我们无法断定看电视到底好不好，但对于青少年阶段的男孩来说，"电视依赖症"现象却十分普遍，并且已经对不少男孩的学习造成了负面影响。众所周知,一到假期,一些家长担心孩子单独出去玩会出什么安全问题,或者与社会不良人士接触,便把孩子放在家里。安全倒是有保证了,可是不少家长们发现,每次回家时,孩子都是守在电视机旁看电视,很少看见孩子学习。

诚然,对于男孩自身来说,适当地看电视,不但可以开拓视野,增长见识,而且还可以从里面学到很多课本上学不到的知识。但受年龄的限制,一些男孩在看电视方面还缺乏自我约束能力,尤其是在假期,他们有更多的机会和时间接触电视,如果不能很好地自我约束,那么,就有可能患上"电视依赖症"。

对此,男孩需要做到:

1.要调整观念,看电视并不是一无是处

电视的宣传作用让我们的世界变小了,也变大了。男孩们能从电视中学到不少知识,也给男孩的童年增添了不少趣味。

另外,看电视可以培养男孩形象、抽象、逻辑思维发展,也能帮助男孩树立正确的价值观,激发男孩丰富的想象力。

因此,男孩自身首先要明确,看电视并不是一无是处,而是有一定的积极影响的,只是需要选择和控制。

2.给自己制订一个看电视规则

比如，你可以给自己一个规定：晚上9点到10点之间看电视，作业不做完不能看电视、只看新闻等有益的电视节目等。这是行之有效的方法，能帮助你做到自我管理和约束。

3.让父母对你进行监督

现在的你可能自我约束力差，会不自觉地看电视，为了避免这一点，你可以请父母对你进行监督，提醒你不多看电视。

总之，男孩们，你要养成良好的生活习惯，不要把精力都浪费到看电视上，这样，你才能充分利用时间学习、从事健康的活动！

"非主流"装扮真的能彰显个性吗

这天早上,大卫以一身奇特的造型来到教室:一双军靴,一条破洞牛仔裤,一件露肩马甲,再加上一顶鸭舌帽,两颗超闪耳钉,大卫觉得自己穿上这些以后酷极了。

过了会儿,他的几个同学来了,大卫摆了个姿势,问:"怎么样,我这身,酷不酷?"

"太酷了。大卫,我们班很多男生都以你为榜样呢,你引领我们班的时尚。只可惜,我的衣服都是妈妈买,哪敢这么穿?"

"怎么不敢,我们都是大人了,穿衣服就要个性。"

过了会儿,老师来了,听到他们的谈话,老师说:"你们虽然是在慢慢长大,但穿着打扮必须符合自己的年龄。另外,彰显个性,也不一定非要一身非主流装扮啊。我知道,你们这个年纪,都希望自己引人注目,但什么是真正的个性，你们知道吗？怎样穿才合适，恐怕你们也不知道。"

随着时代的发展、物质生活水平的提高和价值观的多元化，跟上"时尚"与"潮流"的步伐已经不是成年人的专属，很多未成年男孩，也纷纷把追逐时尚作为生活的重要内容。

如今在街上，到处能看到一些"非主流"装扮的男孩，有些还只是初中生。那么，什么是非主流呢？

非主流，顾名思义，就是那些不属于主流的事物，如文化上的次文化，宗教上的异端，人群中的异类等。非主流是相对于主流而存在概念。不过主流与非主流之间并没有明确的界限，非主流可以变为主流，主流也能变成非主流。

很多男孩到了青少年阶段时，身体已渐渐发育，开始关注自己的外貌、穿衣打扮。他们追求自己的个性，通常通过一些惹眼的装扮来让自己成为人群中的焦点。

然而，青春期是人生发展中的一个重要时期，要追求个性可以通过更积极的方式，而不是通过服装。如果男孩把过多的精力放在穿衣打扮上，在学习方面就会放松，甚至会因此耽误学业。抱有这样一种浮躁的心态，又怎能搞好学习呢？另外，青春期也是审美观、服饰观形成的阶段，奇装异服只能显露你的不成熟和审美偏差。

再者，青春期应该追求的是内心的充实，培根说："人一旦过于追求外在美，往往就放弃了内在美。"你知道吗？生活中，有些男孩为了得到想要的衣服，想方设法掏空父母的钱包，或是见别人穿得"漂亮"了就妒之、恨之。更有甚者，由于经济不支却又盲目赶时髦，于是铤而走险，采取不正当的手段，骗取、偷窃家人或其他人的财物，铸成大错。

不得不说，"爱美之心，人皆有之"，男孩也不例外。每个男孩都希望自己可以打扮得阳光、帅气一点，每当穿上买的新衣服，心里总是美滋滋，走起路来也特别神气。但青春期男孩一般都是学生，他们正在求学的时期，又没有经济收入，穿戴方面不宜赶潮流、追时髦，只要衣着整洁，朴素大方即可。

为此，青春期男孩要记住以下几点着装要求：

第一，要干净整齐，不能邋遢有异味；

第二，不能穿背心，更不能光膀子；

第三，不能穿拖鞋，更不能打赤脚；

第四，不能戴有色眼镜；

每五，衣服扣子要系好，不能敞胸露怀；

第六，不能奇装异服，和学生的身份不符；

第七，不要染发、打耳钉，不需要盲目和同学攀比、追求名牌。

爱美是没错的，但人的打扮一定要得体，要适当，才显出美和可爱。不同年龄、不同身份的人有不同的形象要求。总之，青春期男孩要明白的是，青春本身就是美丽的，不需要任何刻意的修饰。青春期的男孩需要理智对待身边发生的事，这样，生活才会过得纯洁、快乐！

第 4 章

礼仪习惯
——从小做一个彬彬有礼的绅士

我们中国素来是礼仪之邦,礼仪是一个人修身养性、持家立业、治国平天下的基础。俗话说,"三岁看大,七岁看老",作为男孩,对于礼仪习惯的培养要从小开始,这有助于对男孩今后的人生发展产生积极影响。

以礼待人，多说礼貌用语

相信生活中的男孩们都知道，文明礼貌是中华民族的优秀传统，是人们在日常人际交往中应当共同遵守的道德准则。与人的互相交往中，和悦的语气、亲切的称呼、诚挚的态度会使你显得更加友好、尊重别人，俗话说："良言一句三冬暖，恶语伤人六月寒。"因此，文明的谈吐和行为是我们具有良好修养的表现，讲礼貌能促进和别人之间的团结友爱，是与他人之间沟通情感的桥梁。

培养礼貌待人的好习惯，需要男孩们从小开始，不要出言不逊、恶语伤人，失礼不道歉，无理凶三分，更不能骑车撞倒人后扬长而去，乘车争先恐后，在公共汽车上见到老人或抱小孩的妇女不让座……防微杜渐，是防止出现不文明行为的最佳方法。

而除此以外，我们在日常生活中，尤其在语言习惯上，要学会掌握一些礼貌用语，而礼貌用语要文明雅致、措词恳切、热情真挚，口气和蔼，面带微笑，主要有以下几个方面：

1.学习一些初步的礼仪知识

你应该学习一些礼仪知识，这也是文明行为，包括见面或分手时打招呼、握手，与人交谈时眼神、体态和表情要体现出对对方的尊重。

2.掌握一些礼貌用语

（1）欢迎语

这是接待来访客人时必不可少的礼貌语。例如"欢迎您""欢迎各位光临""见到您很高兴"等。

（2）征询语

是指在交往中，尤其是在接待的过程中，应经常地、恰当地使用诸如"我能为您做什么""请问，您找谁""请问您需要什么帮忙吗"等征询性的语言，这样会使他人或被接待者感觉受到尊重。

（3）请托语

顾名思义，就是我们向他人提出某种请求或者希望获得他人帮助时使用的语言。对此，我们一定要"请"字当先，而且态度语气要诚恳，不要低声下气，更不要趾高气扬。常用的请托语有"劳驾""借光""有劳您""让您费心了"等。

(4)赞美语

赞美语是指向他人表示称赞时使用的用语。常用的赞美语有"很好""不错""太棒了""真了不起""真漂亮"等。在交往中，我们要细心观察，善于发现他人的优点和长处，并加以赞美，这样做的好处是，不仅能拉近彼此间的距离，还能体现我们的友好，有利于获得他人的好感。

当然，面对他人的赞美，也应做出积极、恰当的反应。例如，"谢谢您的鼓励""多亏了你""您过奖了""你也不错嘛"等。

(5)致歉语

在日常交往中，人们有时难免会因为某种原因影响或打扰了别人，尤其当自己失礼、失约、失陪、失手时，都应及时、主动、真心地向对方表示歉意。常用的致歉语有"对不起""请原谅""很抱歉""失礼了""不好意思，让您久等了"。当你不好意思当面致歉时，还可以通过电话、手机短信等其他方式来表达。

(6)拒绝语

是指当我们在面对别人请求，但不得不拒绝时，采用婉转的词语加以暗示，使对方意会的语言。在人际交往中，当对方提出问题或要求，不好向对方回答"行"或"不行"时，可以用一些推脱的语言来拒绝。例如：当别人求助我们做一件事，而我们能力有限，无法办到时，你就可以这样拒绝："很抱歉，我很想帮你，但是……"

(7)告别语

告别语可能显得有点客套，但却不失礼仪。与人告别时神情应友善温和，语言要有分寸，具有委婉谦恭的特点。例如："再次感谢您的光临，欢迎您再次来""非常高兴认识你，希望以后多联系""十分感谢，咱们后会有期"等。

俗话说，"一句话能把人说跳，一句话也能把人说笑。"男孩们要知道，学点礼仪知识，学会得体地说"礼貌话"，是帮助你接通情感的热线、使交际畅通无阻的重要前提。

尊敬和爱戴老师，和老师搞好关系

有人说，教师是太阳底下最光辉的职业，这句话一点也不假，老师从踏上岗位的那一刻起，就无私地奉献着自己的青春。即便老师对学生严厉，也是希望学生学好，要问老师希望得到什么回报的话，就是希望看到学生成才、成熟，希望看到学生从自己那里学到最多的知识。

对于成长中的男孩来说，要知道老师的艰辛，在学校要遵守校园礼仪，要尊重和爱戴老师，这也是师生和谐相处的前提。

老师就是第二个家长，因此，作为男孩，要正确理解老师的职业，一定要尊重老师。具体来说，我们可以这样做：

1.尊敬老师

到了学校,就要礼貌地打声招呼,老师都喜欢有礼貌的学生,另外,要用实际行动尊重老师的劳动:上课认真听讲,不破坏纪律,把老师留的作业保质保量地完成。

2.与老师融洽相处

我们发现,一些孩子,与哪个老师关系比较融洽,喜欢上哪门课,哪门成绩就好;如果与哪个老师关系不和谐,也会殃及哪门课。这大概也是爱屋及乌的表现吧。

的确,学生大部分时间都在学校里,就免不了和老师交往。一些男孩见到老师就躲,或者顶撞老师,而他们不明白的是,其实老师是学生的恩人,不管老师喜不喜欢这个学生,他都会努力教好每个学生。

而学生只有与老师融洽相处,才有学习该门课程的兴趣和动力,也才能让老师更多地指点你。学会尊重老师,你会收获不少!

3.勤学好问，虚心求教

不管你喜欢不喜欢这个老师，都要承认，老师之所以能成为老师，必当够格教你知识，老师在年龄、学问、阅历上的水平肯定是高于你的。

所以，我们向老师虚心求教，学习会受益良多，加深和老师的交流，无形中缩短了与老师的距离。

总之，男孩们，你们要明白，老师是你的第二个家长，一定要尊敬、爱戴老师。与老师关系融洽既可以促进学习，又可以学到很多做人的道理，会使你一生受益无穷。

遵守学生着装礼仪，展现良好精神风貌

赶紧把头发染回来。

着装，顾名思义，是指服装的穿着，但它并不简单指穿衣戴帽。着装既是门学问，也是一门艺术。它是根据人们的年龄、身份、身材特点、审美等，再根据不同的时间、场合、目的和场地等相关因素对所穿的服装进行合理的选择、搭配和组合。一些男孩可能认为，成人需要参与社交，要讲究一定的着装礼仪，而作为孩子只要穿得干净简单就好了，还需要什么着装礼仪呢；也有一些男孩认为，昂贵的服装就是正确的着装方式。其实不然，你走出家庭，来到学校，着装是否符合学生的礼仪要求，是能否展现良好精神风貌的直接体现。

在同龄的孩子中，小虎是始终走在"时尚前沿"的一个。

这不，才过了一个周末，周一早上，他一到学校，就"震惊"了全班同学。

"你把头发染了？"他的同桌小伟诧异地问。

"是啊，你不是看见了吗？怎么样？我这色儿？"小虎还在炫耀着。

"你不怕你爸妈扒了你的皮？我们才十几岁呢。"

"大不了一顿骂，我们这个年纪不打扮，会被人认为老土的。你看，我们学校好多初一、初二的男孩都把头发染了，我们做师兄的应该带点头嘛。"小虎开着玩笑。

"可是，你今天怎么面对老师呢？万一老师要你染回去怎么办？"

"是哦，我怎么没想到呢？我爸妈的话可以不管，老师可不是好惹的。"

果不其然，第一堂课上，老师就看到了小虎的新发型，老师还当着全班同学的面批评了小虎，说他这种打扮不符合学生礼仪，让小虎很尴尬。

那天晚上，小虎就跑到理发店，恢复了头发的颜色。为这事，小虎花去了一个月的零花钱，后悔不已。

不得不说，处于成长期的男孩都希望得到别人的关注，让自己得到充分肯定，而穿着打扮是最容易被人看出来的。当他们看到偶像明星的穿着打扮，如果跟他有相似的审美观，通常很快就会开始模仿，因为他们认为这样是有个性、符合时代潮流的。但其实，男孩们，你们要明白，服装无所谓好坏，只是是否符合时间、地点、礼节以及年龄，你们要了解什么样的才是合适的。

具体来说，以下是男孩校园着装的几点原则：

1.着装要与学生身份相符合

作为学生，着装应与学生身份、校园的环境和氛围相符，应展现自然美和学生朝气蓬勃的精神面貌，不要追求时尚和个性，更不可穿奇装异服。

2.着装注重朴素大方

着装应整洁美观，而不应一味攀比，追求名牌。名牌服装并不能显示一个人的魅力，而干净的领口、袖口、鞋子等却能显示出一个人良好的文明素养。

3.按要求穿衣服

很多学校都有统一的校服，这有很多好处。

第一，校服是学生的标志，是学生身份的象征。校服对同学们的思想和行为起着潜移默化的提醒、帮助和约束的作用。

第二，穿着校服有益于体现学校整齐、和谐、向上的校风、校貌，有益于培养学生的集体观念和自觉遵守校规校纪的良好习惯。

第三，穿着校服避免了学生互相攀比、追求名牌，有利于学生身心的健康成长。

总的来说，男孩在学校的穿着应该朴素大方，活泼整洁，在公共场所切不可穿奇装异服，标新立异。

遵守课堂纪律，是最基本的校园礼仪

我们都知道，学生是学校工作的主体，因此，男孩在课堂上，在活动中，在与教师和同学相处过程中都要遵守一定的礼仪。学生礼仪是指学生应遵守课堂纪律。具有礼仪常识，是学校礼仪教育重要的一部分。

俗话说"没有规矩，不成方圆"。任何自由都是建立在一定的约束之上的，没有纪律的课堂是散沙。因此要想使课堂开放活泼，活而不乱，就一定要先落实好课堂纪律。

我们先来看下面的案例：

蒋先生的儿子小凯是个活泼的男孩，一天，蒋先生被老师叫到了学校，原来儿子在学校"犯事儿"了。

事情是这样的：上数学课时，上课铃已经响了，但小凯还是磨磨蹭蹭地从操场走过来。数学老师催了几次，他都跟没听见一样，在走廊上溜达。数学老师有点生气，直接对着外面喊："蒋凯，进来！"小凯这才入座。

然而，老师已经宣布上课了，他还在和同桌交头接耳。老师真的生气了，点名批评了他。小凯很不服气，竟然站起来问老师："这么多人都在说话，为什么就说我？"

老师更加生气了，大声说："蒋凯，给我出去站着！"小凯气冲冲地冲出教室，跑回了家。

蒋先生理解孩子的情绪，于是，回家后他并没有骂小凯，而是细心地跟他谈心。儿子终于道出了心里的委屈："我恨死数学老师了。今后，我上课不听她的课了。在路上遇到她，我也不和她讲话！"

其实，这场师生之间的"冲突"起因是小凯没有遵守上课的礼仪。如果每个学生都像他一样上课磨磨蹭蹭，上课了还不遵守课堂纪律，那么，老师就没办法上课。另外，在课堂上顶撞老师更是没教养的表现，所以，他才被老师勒令离开教室。

试想，如果他在平时就注意自己的言行举止，遵守上课礼仪，那么是能避免这场"师生大战"的。因此，每个男孩在学校以及与他人相处过程中都要遵守一定的礼仪。礼仪应该从小注意与培养，这是一个人素质的体现。

总的来说，我们可以将课堂礼仪总结为：

1.做好上课准备

男孩应该在预备铃响之前就进入教室，准备好课本、练习本、文具等，安静端坐，等待老师到来。充分做好上课准备，既为自己上好每一节课打下基础，也是尊重学业的表现，同时也是尊重师长、尊重别人、尊重整个集体的表现。

2.遵守课堂纪律

遵守课堂纪律，既是尊重老师的表现，也是珍惜学业与集体的行为。上课时要遵守课堂纪律，认真听讲，做好笔记，积极发言，不私下说话，不随便走动，不能思想开小差，做小动作，甚至调皮捣蛋，扰乱课堂秩序等。

3.认真回答老师的问题

在课堂上，老师提问是必不可少的教学手段，每个同学都有被老师提问的经历。该怎样正确、礼貌地对待老师的提问呢？请记住：

第一，回答问题时，应先举手，经老师允许后再起立发言。老师未点到自己的名字时，不要抢先答话。

第二，起立回答时，姿势、表情要大方，不要故意做出引人发笑的举止。说话声音要宏亮，不要太小声，以免老师、同学听不清楚。

第三，当老师提问的问题恰好自己回答不出而又被点到名时，切不可有抵触情绪和行为。这时应该勇敢地站起来，以抱歉的语调向老师解释说："老师，这个问题我不会回答。"

第四，在其他同学回答老师提问时，不要随便插话。如别人回答错了，或者回答不出而老师继续面对大家提问时才可以举手，在得到老师允许后，站起来回答问题。

第 5 章

交友习惯
——男孩要学习如何与他人友好相处

我们都知道，任何一个人，有没有社会交往能力，是他以后能否良好展开社会活动的重要方面。社会交往能力强者更容易走向成功。因此，每个男孩都要走出狭小的自我空间，大胆与人交往，学会与人和谐相处，并且培养迷人的个性，结识好的朋友，从而在与集体的相处中感受温暖和愉悦，在心与心的交往中丰富自己的情感世界，进而与人建立纯真的友谊。良好的交友习惯是会让你受用一生的财富。

男孩做错了，要学会主动道歉赢得人心

人无完人，没有人不会犯错误，更何况正处于成长期的孩子们。一些男孩，他们在与同学、朋友、亲人相处的过程中，难免会因为说错话、做错事而让交际对方心生不悦，此时，你有两种选择，要么是主动承认自己的错误、向对方道歉，要么是为自己找个借口或推脱责任，哪种做法能帮你成功渡过难关？很明显是第一种，承认自己的错误会让对方看到你的诚意和友好，进而对你产生良好的印象。相反，假如你不肯主动承认错误，将会给对方留下指责你的机会，而同时，双方之间也会因此而产生隔阂甚至闹僵。因为对方心中这种不悦的存在会随着时间的推移而逐渐加深。而相反，如果我们能在犯错之后立即主动认错，对方心中的这种不快便也会随之消失，也会因为我们敢于认错的这种交往品质而留下良好的印象。

男孩们，你是不是曾经因为做错某件事而没有主动承认而一直耿耿于怀，如果有，那么你不妨敞开心扉，主动承认，相信你会获得心灵的释然。

美国著名心理学家盖瑞·查普曼博士提醒说:"孩子在小时候就能学会道歉的语言,随着年龄的增长,他们对道歉的重要性会有更深的领悟和理解,为今后的道德和人际关系发展奠定基础。"那么,男孩们,当你做错事时,该如何向他人道歉呢?

1.先道歉后解释

有错就应该先承认,只有以诚恳的态度承认自己的错误,才能取得对方的谅解。道歉时,千万不要找一些客观的原因为自己开脱,因为这样对方会怀疑你道歉的动机和诚意,也会加深彼此间的误会。当然,对于非要解释不可的地方,你可以先道歉再解释,这样才能表示自己的诚意。如:"对不起,这事我做得真不对。事情是这样的……"

2.注意道歉时的语气和态度

只有语气温和的道歉,才能显现出你的诚意。为此,你需要做到,道歉时目光柔和、友好,并多用一些礼貌用语,如"请包涵""请原谅"等。同时,道歉的语言切忌啰唆、重复,其实,只要表明自己的态度即可。

3.假如你觉得道歉的话说不出口，可用别的方法代替

比如，如果你与某个朋友产生了一点误会，对方很生气，你不好当面道歉，你可以打个电话询问："还生气呢？"即使对方之前再生气，面对你的道歉，他一般也会说："生什么气啊。"

可见，打电话致歉是个好办法，致歉的方法其实还有很多，比如书信等。

总之，在道歉的语言技巧这部分里，我们需要掌握：先道歉后解释；道歉时的语气和态度要把握好；假如你觉得道歉的话说不出口，可用别的方法代替；没有错，有时也需要道歉。

我们掌握了道歉的语言技巧，但是还应该根据场合、情况的不同，注意一些小事项：

①切记道歉并非耻辱，而是真挚和诚恳的表现。

②道歉要堂堂正正，不必奴颜婢膝。

③把握道歉时机。应该道歉时马上道歉，耽搁时间越久越难启齿，有时甚至追悔莫及。

第 5 章
交友习惯——男孩要学习如何与他人友好相处

大胆社交，学会表达出你的善意

> 我最烦恼的事
>
> 怎样才能让同学喜欢我呢？
> 好想跟他们交朋友。

生活中，我们发现，不受同学欢迎、人缘差，成为困扰很多男孩的问题。每一个男孩都希望自己受大家的欢迎，能融入周围同学。如果想让别的同学喜欢你，男孩要从自身找原因，这样才能有针对性地改变自己。但无论如何，你首先要大胆走出去，展现你的友善。

一个周五的最后一节课，语文老师给大家布置了一篇话题作文，以"我最烦恼的事"为话题。第二周的作文课上，老师点评了一篇作文，是来自班上一个学习成绩较好的男生的，其中有这么一段：

"我是一个男生，性格还是比较外向的，长相虽然算不上出众，但是自我感觉还可以。学习也不错，班里前十名，可就是人缘不好，可能是我比较好强。看到同学们闹我也想去玩，却不知道怎样加入他们。听我一个好朋友跟我说，他的同桌跟他说比较反感我，也没有说原因，还说不许我那个好朋友告诉我。虽然我知道了，但我很无奈，因为我真的不知道该怎样和同学们交谈。怎样才能让别的同学喜欢和自己说话，有共同语言？我到底该怎么办？"

恐怕很多男孩都有类似的苦恼，想与人交往，但又不敢迈出第一步，生怕被人笑话。其实，心理障碍是造成你人际关系不好的重要原因。社会心理学家经过跟踪调查发现，在人际关系交往中，心理状态不健康者，往往无法拥有和谐、友好和可信赖的人际关系，在与人相处中，既无法得到快乐满足，也无法给予别人有益的帮助。孤芳自赏就是不健康心理的表现之一，而究其原因，不外乎胆怯、害羞、自卑等。事实上，只要你大方一点，敞开闭锁的心扉，就能找到交往的乐趣，摆脱孤僻的烦忧。

人际交往是一门学问，交往能力是阅历和社会实践能力的重要表现能力之一。拥有良好的交往品质是交往的前提，男孩们应该把心打开，让自己融入集体，让自己人生的重要时期多姿多彩！具体说来，你需要做到：

1.自信

人际交往中，人们总是喜欢和那些自信的人打交道，因为他们总是能表现出落落大方、不扭捏作态的气质。当然，一个人要培养自信，就要善于"解剖自己"，发现自己的优缺点，但不能妄自菲薄，而应该在认可自己优点的同时不断完善自己，只有这样才能积累自信。

2.完善个性品质

每个男生都希望自己可以有落落大方的交往形象，让同学喜欢自己。其实，只要男孩拥有良好的交往品质，走出恐惧的第一步，就能受到同学的喜欢，慢慢心结也就能

第5章
交友习惯——男孩要学习如何与他人友好相处

打开了。"人之相知，贵相知心"，真诚的心能使交往双方心心相印，彼此肝胆相照，真诚能使交往者的友谊地久天长。

3. 正确评价自己和他人

孤僻的男孩之所以孤僻，是因为他们不能正确地评价自己，他们要么自命不凡、认为自己高人一等，要么认为自己不如人，怕被别人看不起、嘲笑，以至于把自己紧紧地裹起来。如果你是个孤僻者，你就需要正确地认识别人和自己，多与他人交流思想、沟通感情，享受朋友间的友谊与温暖。

4. 尝试信任他人

美国哲学家和诗人爱默生说过：你信任人，人才对你重视。以伟大的风度待人，人才表现出伟大的风度。人际交往中，信任是相互的，如果你总是怀疑他人的动机和言行，那么，你也无法获得信任。而信任就是要相信别人的真诚，理解别人，而不是相互设防、口是心非。

065

用心关爱他人，做受人欢迎的男孩

爱心和善良的品质，是每个男孩亲和社会的基础和前提。孩子的心就像一片广袤的土地，种植爱心和亲情，便会收获友爱、尊重、宽容和同情。每个男孩从小就要在内心播下爱的种子，这比任何财富都强。然而，我们却发现，生活中，有一些男孩，因为各方面的原因而形成了"自私自利""自我中心"的性格：他们只顾自己，只考虑自己，尤其是在金钱和物质上，他们表现得贪婪又吝啬，不懂得分享，却又渴望得到别人的东西。这样的男孩，很难交到知心朋友，还会招致他人的厌烦。我们不难发现，有这样一些男孩，他们只知道让父母为自己付出，而不懂得关心父母。即使父母生病了，他们也表现得很冷漠，让父母很寒心。

王阿姨最近就非常苦恼，因为她发现自己上初一的儿子越来越自私了，有好吃的都霸着自己吃，看到好看的衣服吵着要买，也不管爸妈能不能支付得起。王阿姨最近还接到班主任的电话，老师反映说，因为同桌弄坏了他的钢笔，他居然打了同桌一个耳光。"我真不懂，我和他爸爸对孩子都是无私的，

第5章 交友习惯——男孩要学习如何与他人友好相处

什么都问问他要不要，为什么他却那么自私，什么都要留给自己呢？"

在现实生活中，这样的男孩的确不少。他们不懂付出，只懂索取。如果你是这样的男孩，你一定要学会检讨自己了。人要学会付出，才能活得有意义。能够付出爱和宽容的人，总能找到一片广阔的天地。

丢丢是个很可爱的男孩，左邻右舍都很喜欢他。当他还是个小学生时，他的爸妈就教育他要尊敬长辈，还教他要有家教。从小时候开始，他就懂得在吃饭前要为长辈们摆好碗筷，另外，如果爸爸妈妈和爷爷奶奶没有吃饭，他从不一个人先吃。桌子上摆了水果，他会主动选最好的给爸妈吃，从来不自己一个人独吃。他事事都是首先能够想到别人，因此，即使现在刚进入初中，周围都是陌生的同学，但很快，他就和大家打成一片了。

相对于第一个案例中的男孩，很明显，我们更喜欢丢丢，因为他懂得关心他人。古人说："人之初，性本善"，谁都喜欢有爱心的孩子而讨厌那些自私自利的人，因此，每一个男孩都应该培养自己对人友爱的性格。

那么，对于男孩来说，该如何学会关爱他人呢？

1.关心他人

你可以从关心周围的人开始，比如你的父母、亲人，你的老师、同学。比如，当你的同学摔倒了，要主动扶起来，并加以安慰。在这种举动中，你将会体验到帮助别人的快乐。还例如，妈妈生病卧床，你可以为她递水、送药。要记得父母的生日并为他们送上一份礼物；走在路上，看到老人手中的报纸或其他较小的东西掉在地上，应主动帮助拾起。

067

2.做力所能及的家务劳动，尽一份对家庭的责任

爸爸妈妈每天除了工作以外，还得照顾家庭老小，你也应该学会为他们分担一点了。你可以从最简单的家务做起，帮爸妈洗洗碗、做做饭、拖拖地，他们会为此感到欣慰的。

3.要表达自己的真诚和关切

与人交往，一定要真诚，关心他人也不能有太强的目的性，这样才能使别人愉快地接受，我们才会得到心灵的满足和愉悦。

守信，答应别人的事要做到

《郁离子》中记载了一个因失信而丧生的故事：

有个商人要渡河，他坐上了一艘船。但谁料到，船底破了一个洞，很快，船就沉了。商人拼命喊救命。

此时，远处的一名渔夫听到了，在水中扑腾的商人大声说："我是本地最富有的人，你若能救我，我就给你一百两金子。"渔夫一听，马上将商人救了上来。

谁知，在渔夫提出报酬时，商人竟然反悔了，他只给了渔夫十两金子，并且，他还辩解："你一个打渔的，一生都挣不了几个钱，突然得十两金子还不满足吗？"渔夫只得快快而去。

不料，后来那富翁又一次在原地翻船了。有人欲救，那个曾被他骗过的渔夫说："他就是那个说话不算数的人！"于是商人淹死了。

商人乘船，两次翻船并且遇到同一个渔夫是偶然的，但最终无人救他却是必然的，因为他是一个不守信用的人。一个人，若不守信，便会失去别人对他的信任。所以，一旦他处于困境，便没有人再愿意出手相救。失信于人者，一旦遭难，只有坐以待毙。

有责任心、勇于担当是一个男孩最好的品质。不做承诺，或少做承诺。一旦做了承诺就必须身体力行，有条件的要做，没条件的创造条件也要做。为什么？这是你的责任和义务。富兰克林的《哨子》中有这样一句话："每个人都有自己的哨子，千万不要为你的哨子付出过高的代价。"也就是说，我们在许诺的时候，要量力而为。

可见，只有信守诺言，才能取信于人，这是新时代的男性必须具备的最重要的品质之一，也是成功和获得荣誉的前提条件。

总之，男孩们，在生活中，你一定要做到对别人讲信用，负责任，答应别人的事要兑现；如果经过再三努力仍没有做到，应诚恳地说明原因，表示歉意。另外，在答应别人之前，要慎重考虑有没有能力和把握做到，也应给自己留下余地，不要大包大揽。

但可能很多男孩会发出这样的疑问：我也想助人为乐，也想替人办事，但是能力不足，这不也是失信于人吗？的确，轻易许诺而又无法办到的话，也是失信。那么，退一步海阔天空，这时我们为什么不能退一步呢？

为此，男孩们，在许诺前后，你一定要考虑以下几个问题：

1.我能办到吗

答应别人的事情就一定要做到，假如你做不到的话，就别轻易许诺，这里，涉及一个能力的问题，你应该对自己的能力进行一番评估，在确定自己能办到的情况下再许诺，这样，实现的几率会大很多。

2.既然答应了他人，就要尽力而为

一旦答应他人，你就要遵守诺言，努力为他人办到，而在尽力却办不到的情况下，要主动道歉，这样，也能获得他人的谅解。

总之，男孩们要记住，你一旦许下诺言，就一定要努力实现，即使需要付出一定的代价。不过，如果的确是非人力之所能为的，就一定要放下面子，及时诚恳地向对方说明实际情况，请求谅解。

> 答应了别人的事就一定要做到。

第 6 章

安全习惯
——男孩也要学会保护自己

我们都知道，女孩是脆弱的，需要保护，其实男孩也是如此，不光是人身保护，你还要学会避免周围一些不良因素对你的影响，比如帮派陷阱、性骚扰、别人的无理要求等。懂得独立安全地生活，才是一个男孩真正成熟的标志。

提高自我保护意识

身心尚未成熟、社会经验不足的男孩，在面对侵害行为、自然灾害和意外伤害时，往往因处于被动地位而受到侵害。为此，男孩们有必要在平时的生活中就养成自我保护的习惯。这样，面对一些突发的事故和侵害，男孩才会积极争取社会、学校和家庭等方面的保护；当这些保护不能及时到位的时候，男孩也会尽自己所能，用智慧和法律保护他们的合法权益。

其实，男孩的自我防护意识本身就很薄弱，在遇到一些紧急情况时往往手忙脚乱，不知所措。提高自我保护意识，杜绝不应有的安全事件发生，男孩才能健康快乐地成长。

那么，男孩们如何提高自我保护意识呢？

1.尽量避免去下列这些地方

第一，住人较少的学生宿舍。

第二，狭窄幽静，灯光昏暗的胡同和地下通道。

第三，无人管理的公共厕所，高楼内的电梯，无人使用的空屋。

第四，夜晚的电影院、歌厅、舞厅、游戏厅、台球厅等。

第五，公共交通车辆上，在人多拥挤、起步、急刹车的时候。

第六，陌生人的车辆。

避免去下列这些地方
① 人少的建筑物附近
② 无人管理的公共厕所
③ 黑暗幽静的胡同
④ 夜晚的电影院
⑤ 人少的公交车站
⑥ 陌生人的车

2.怎样摆脱坏人跟踪

男孩们，当你一个人走在回家的路上，偶然间无意回头，发现有人时隐时现总跟在后边，而当你注意他时，他却不自然地躲开；你走他也走，你停他也停，这表明你被坏人跟踪了。面对这种情况，你要做到以下几点。

第一，不能惊慌失措，要镇静。

第二，迅速观察环境，看清道路情况，哪儿畅通，哪儿不通；哪儿人多，哪儿是单位。

第三，立即甩开坏人。方法就是跑开。向附近的单位跑，向有行人、有人群的地方跑。如果是夜晚，哪处灯光明亮，就往哪跑。如果附近有居民家，往居民家里跑也可以。

第四，可以正面相视，厉声喝问："你要干什么？"用自己的正气把对方吓倒、吓跑；如果对方不逃，可大声呼喊，引来行人。如果坏人不跑，那么你就要立即作出反应，自己跑开。

第五，如果被坏人动手缠住，除了高声喊，要奋起反抗击打其要害部位，或抓打其面部；你身上或身边有什么东西可用，你就用什么东西，制止坏人接触自己身体、侵害自己。平时，有这样几方面要加以注意。

①放学回家和外出活动时，尽最大可能创造条件结伴而行，减少单人行走的机会。

②不在行人稀少或照明差的地方走、游玩。如果时间晚了，要想法通知家人去接你。

③尽可能不向外人说自己家庭情况，以防坏人听到后了解你的行动规律。

④切记不可冒险，不可存有侥幸心理。不要老用"没事儿"来安慰自己。

3.关于自身财务方面的保护

一些男孩粗心大意，再加上遇到危险时的胆小懦弱，很容易发生财务被盗窃甚至抢劫的现象。因此，男孩要了解一些可能被盗窃或者抢劫财产的情况，有意识地保护自己的财产。

男孩们保护自身免遭残害最直接、最有效的方法是养成保护自己的习惯。男孩身心受到伤害，绝大多数是由于缺乏警惕和自护能力。保护自己免受伤害，是每个男孩从小必须学习的知识，让男孩在生活中有意识地保护自己，这样，男孩生活的安全系数就高多了。

出行要注意安全

随着经济的日益发展，个人拥有车辆的情况越来越普遍，马路上车辆川流不息的景象随处可见。但同时，这也为很多危险的交通事故的发生埋下了伏笔。

生活中的男孩们，一定要注意出行安全，不要在车水马龙的马路上演出不可挽回的悲剧。

道路交通安全事故依然是各种事故领域中的"头号杀手"。而导致悲剧发生的一个重要原因就是我们欠缺安全防卫知识，自我保护能力差，因此，男孩们一定要加强安全防卫意识。

为了更好地宣传交通安全知识，更好地珍视生命，男孩们要记住以下几点：

1.学习交通安全的法律法规，树立安全交通的意识，遵守交通规则，树立交通安全文明公德

基本的交通规则是："红灯停、绿灯行""行人要走行人道，没有行人道时要靠边走""行人过马路要走人行横道，没有人行横道的地方要先看左，后看右""不要在街道、公路上追跑打闹""坐车时不要把头、手伸出窗外"等。

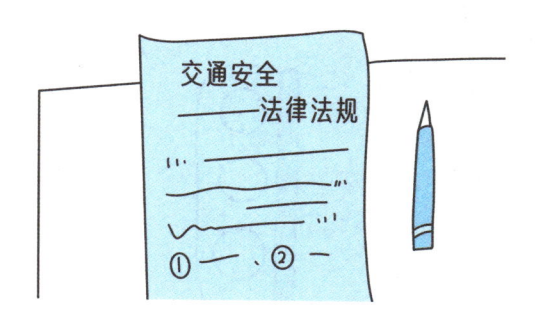

2.12周岁以前不骑自行车上马路，放学回家一定要排好路队

在车辆密集的马路上，时刻保持清醒的头脑，不在马路上嬉戏打闹。

不仅是在车辆多的时候不闯红灯，即使没有车辆穿行也不能存有侥幸心理去闯红灯，要严格遵守交通规则。过马路不仅要观察信号灯，还要注意左右看，观察周围是否有车辆通过，因为有些开车的司机会不遵守交通规则。过马路时在保证安全的同时应加快步伐，迅速通过，以免遇到绿灯突然变红灯的情况。

有时即使遵守交通规则也会遇到某些意外情况。比如，过马路时绿灯突然变成红灯，遇到这种情况千万不可强行通过，更不能与车辆"赛跑"，这样极易引发交通事故。最好待在原地不动，并时刻注意身边通过的车辆，以免被剐蹭到，等绿灯亮了之后再通过。

慎重对待网络朋友，谨防上当受骗

随着计算机技术的发展，网络正以前所未有的强大力量冲击并影响着人们的生活。它在发展青少年智力的同时，也有其弊端。网络可能会像毒品一样令人成瘾，它会给网迷特别是青少年网迷的身心健康发展带来较大危害。

网络可以让两个不认识的陌生人畅所欲言地交谈。但因为网络具有虚拟性和隐匿性的特点，它也带来一些弊端。很多社会不良人士就利用网络的这些特点，将魔爪伸向了青春期的孩子。因为青春期的孩子缺乏自我控制和自我保护能力。很多男孩更是单纯地认为网络中有纯真的友谊和恋情。其实，不尽然，当你对那个网络另一头的朋友已经信任时，或许你正陷入危险之中。近年来，不法之徒利用网络对青少年实施犯罪的案例不断出现，而青少年因为迷恋网络而犯罪甚至丧命的悲剧也频频发生。

因此，父母必须要让孩子认识到网络聊天的危害，让孩子慎重对待网络朋友。而男孩，你需要明白：

1.对待网络朋友，一定要慎重

你可以问自己是否知道以下几条信息：

第一，对方的谈吐是否有素质？谈话可以看出一个人的修养。对于那些说话流里流气的人，毫无口德或者满嘴脏话的人要远离。

第二，对方的资料是否较全？如果对方对自己的真实信息遮遮掩掩的话，你要小心了，因为一个坦荡交友的人是不怕把自己真实的所在城市地址、年龄、职业写出来的。

第三，是否有共同语言？这里的共同语言指的是人生观、价值观等方面是否相同，而不是一些负面的思想。

第四，交往持续多长时间了？时间是可以验证情感质量的。

2.关键的是自己要一直清醒地对待网络朋友

第一，保持警惕心。不要轻易告诉对方自己的真实住址、姓名、电话。除非交往时间很长，确认对方可以信任了。

第二，最好能将网络与现实区分开，不要让网络影响现实。

第三，尽量少跟已婚异性交往。对方是否已婚，一般可从谈吐中听出来。

第四，尽量不要单独会见异性网友，尤其是在夜间，防止被骗。

第五，对方要求视频时，尽量回绝。

的确，每个男孩都需要朋友，但交友渠道一定要正当，对待网络中的那些朋友，一定要慎重，要学会保护自己，不要上当受骗！

运用法律武器，抵制校园暴力

"快给钱，不然别想走！"几个社会青年在放学路上对一个低年级男孩说。恰巧，这一幕，被正赶回家的初三学生亮亮看见了。他心想，自己一个人的力量肯定斗不过这些人，于是，他赶紧先打"110"，因为派出所就在附近，然后他对着这几个青年大喊："警察来了。"果不其然，这几个青年吓得魂飞魄散，已经来不及看真实的情况是什么，就逃跑了。

案例中的男孩亮亮是个勇敢又机智的男孩。面对校园暴力，他没有退缩，也没有逞一时意气，而是先报警，再用"警察来了"吓跑犯罪分子。

的确，勇敢的男孩最值得人敬佩，现代社会的每个男孩，都要勇敢运用法律的武器保护自身权益。现代社会法律逐步健全，人们处处依法行事，法律面前人人平等。所以，作为未来社会的重要责任者，男孩们在校园暴力面前，也要学会运用法律的武器，毕竟，青春期的你们还是脆弱的，自我保护能力弱。

1.依靠法律,必须学法、知法

男孩们要主动学习一些基础法律知识,要了解什么是合法,什么是违法;什么是无罪,什么是犯罪;什么是自己的义务、权利和合法权益,什么是受到侵害。还要弄清家庭、学校、社会、司法对未成年人保护的内容和法律责任。

2.依靠法律,还必须用法

青少年阶段的男孩们要懂得依法履行自己的义务和行使权利,并在违法犯罪行为对自己造成侵害时,能够依靠法律手段进行自我保护。要做到:一是克服"害怕对方报复,干脆自认倒霉"的错误思想;二是抛弃"管它三七二十一,我私下找人报复"的错误做法。总之,决不能感情用事、冲动行事,要借助法律手段,在法律允许的范围内自我保护。

比如,当在公共场所,有人抢劫你的财物时,你应该考虑事情的轻重缓急,不要太过在意财产,应该先保证自己的生命安全,然后在确保自己安全的情况下,再报警寻回自己的财物,不到万不得已,不要硬拼,避免造成更大的损失。关键时应大声呼救,及时报警。

报警时,应确认对方是110报警台后再述说。尽量明确地告知出事地点、肇事者人数,是否有武器和交通工具的种类等细节,还要留下联系方式。如果你是在和坏人周旋的危险情境中拨打110,应注意隐蔽和轻声。

第 7 章

花钱习惯
——好男孩会有节制地花钱

随着物质生活水平的进一步提高，在很多有男孩的家庭中，家长爱子心切，舍不得让男孩吃一点点苦，对男孩有求必应，这导致了男孩花钱大手大脚、奢侈浪费。这样的男孩将来怎么能独当一面呢？从男孩自身角度看，要想在将来成为一个有所成就的人，就必须从小摆正自己的价值观，对金钱有正确的认识，学习做金钱的主人，这样才能远离奢侈浪费，学会如何理财、如何凭自己的本事挣钱。

花钱节制，物质消费绝不大手大脚

节俭是一种传统美德，但现代社会，不得不说，很多男孩不懂得节俭，乱花钱、随意浪费的现象相当严重。很多中小学生拿着压岁钱请客、送礼、聚会、K歌……表现出来的那种攀比阔气的"成熟"让人瞠目结舌。现在的孩子不会挣钱，却越来越会花钱，而且丝毫不体谅家长的辛苦，这种现象不能不引起整个社会的深思。

这些现象出现的原因，一方面是由于家长疼爱孩子的心理，认为他是家庭的"独苗"，不能苦了孩子；在消费观上，家长有时候也会给孩子带来一定的影响，他们也攀比、从众、追时髦、喜新厌旧；另一方面，社会上很多广告的刺激作用也难辞其咎。

成长中的男孩要及时认知到乱花钱、没有正确的消费观和金钱观给自身成长带来的危害，然后积极培养好的消费观。

以下三条原则可以进行参考：

第一，高效益地使用金钱，合理消费，用所当用。

第二，有利于孩子的发展，有利于形成良好的品质、身体、心理、文化素质等。

第三，杜绝奢侈浪费、享乐主义。

另外，男孩们在形成良性消费习惯的过程中，需要注意几点：

1.正确认识钱的意义

男孩要认识到钱是什么，钱是怎么来的，怎样正确地对待钱财。日常生活中，你可以多学习一些勤俭节约的事例，尽量从小逐渐形成节约用钱的习惯。

2.学会积累和储蓄

男孩手里的零用钱、压岁钱按照计划使用，适当积累。必需的东西选择买，可买可不买的选择不买，把钱存起来。你可以体会到积累的快乐，从而逐渐形成节俭的习惯和品质。

3.量入为出

花钱的前提是有经济来源。每个家庭的经济情况不同,每个人花钱时都要衡量自己的支付能力。即便家里很有钱,也不能随便乱花。

新的时代里建立新的消费观念无可厚非,但应具科学性。每个男孩都要从小培养节约的品质和习惯,这样才能锻炼自身的意志,才能学会奋斗。经历点苦难的洗礼,男孩才会更加珍爱生活,珍惜生命,才能成人、成才!

男孩要从小养成勤俭节约的习惯

勤俭节约是中华民族的优秀品质,我们的祖先曾留下了许多脍炙人口的话语告诫后代子孙要养成勤俭节约的好习惯,朱子将"一粥一饭,当思来处之易;半丝半缕,恒念物力维艰"当作"齐家"的训言;诸葛亮把"静以修身,俭以养德"作为"修身"之道,毛泽东以"厉行节约,勤俭建国"为"治国"的经验。"俭,德之共也;侈,恶之大也""历览前贤国与家,成由勤俭破由奢"。勤俭节约是国人的一种传统美德,是中华民族的优良传统,也是一个人的优良品德。

古今中外勤俭节约的故事不胜枚举。伟人在勤俭节约方面为国人作出了表率。作为未来社会接班人之一的男孩,也必须拥有这种优良的品质,认识金钱的真正含义。但现实生活中,在男孩中间却出现了令人瞠目结舌的铺张浪费现象。

不得不说,消费至上、享受第一、奢侈浪费、只知享乐的生活方式,会让男孩养成贪婪、攀比、从众、追求时髦、喜新厌旧等很多坏习惯。男孩将来无论做什么工作,都要走上独自生活的道路,要想生活得好,勤劳节俭就必不可少。

因此,我们提倡每个男孩养成节俭的习惯,从小养成的习惯会伴随人一生，在男孩成长初期培养他勤俭节约的品质，会使他受益终身，成为蕴藏在他内心深处的取之不尽的资本。

要养成勤俭节约的好习惯，男孩可以试用下面的方法：

1.做一些自己力所能及的事情

如，吃饭时不剩饭，饭菜不随意扔掉；用水时水龙头不要开得太大，用完后关紧水龙头；不丢弃没写完的作业本和纸张，可以留作草稿纸或他用，养成双面用纸的好习惯；生活中注意节电，光线充足时不开灯，充分利用自然光，随手关灯，人走灯灭。

2.多做些家务事

据调查：经常帮父母干家务的孩子不足10%，干家务的男孩更少。其实，男孩们可以帮父母做一些力所能及的家务。这样，你能体会到劳动的艰辛和不易，从而自觉地养成勤俭节约的习惯。

男孩除了节约以外，还要形成勤俭的习惯。古人云：勤能补拙，俭以养廉。只要能够勤劳，即使是天赋差一些，也会把工作学习搞好，会在事业上做出成绩。只要能够节俭，不贪图物质享受，追求奢华生活，保持廉洁的美德，在事业上就会不断追求进取，有所成就。因此，培养勤俭节约的生活习惯，会让男孩受益终身！

第7章
花钱习惯——好男孩会有节制地花钱

积累财富，养成储蓄的习惯

生活中，很多男孩被父母教育："努力学习，找好工作。"的确，学习是学生的天职，但男孩们今天需要的是更为复杂的教育，而现在的教育体系并不足以供应这些。很多人发现，学校教育中几乎不涉及理财能力，但其实，这一点对成长中的男孩来说极为重要。男孩从小学习理财尤其是储蓄的能力，熟悉掌握基本的金融知识与工具，从短期效果看是养成不乱花钱的习惯，从长远来看，将有利于男孩及早具备独立的生活能力，从而在高度发达、快速发展的时代中，拥有可靠的立身之本。

随着生活水平的提高，很多家庭逐渐富裕了，孩子是家庭富裕的"直接得益者"，家长对孩子提出的要求也是尽量满足。可是，事实上，这种给孩子大把的钱花的教育方式是有百害而无一利的，罗伯特·清崎曾表述过这样一个观点："如果你不教孩子金钱的知识，将会有其他人代你来教。如果要让银行、债主、警方，甚至骗子来进行这项教育，这恐怕不会是愉快的经验。"因此，家长们不要把给孩子零用钱当成例行公事。教导孩子们如何管理手上金钱,并赋予他们理财的责任才是重点。

对于男孩子自身来说,储蓄是理财的基本,若男孩能建立良好的储蓄习惯,意味着理财观念已开始萌芽。

1.养成良好的储蓄习惯

男孩储蓄,不妨从买个储蓄罐开始。每次过年,压岁钱都会把男孩的腰包装得鼓鼓的,这些钱加起来是一笔不小的财富。这时,你可以让父母帮助你建立银行账户。

孩子毕竟是孩子,对于金钱还没有完全的掌控能力,因此,最好在父母的协助下管理自己的账户。

2.学习储蓄常识

另外,通过对理财账户的使用,男孩可以非常全面地了解一些储蓄常识,并在潜移默化间培养正确的理财观念。

总之,金钱观是价值观中重要的一部分,正确的金钱观更是良好品质的重要内容。培养储蓄的兴趣,还有利于培养男孩的理财能力。现代社会,理财能力的高低,已逐渐成为判定一个人能力大小的重要方面,因此,每个男孩都要从小养成储蓄的习惯,这是培养各方面能力的良好开端!

第7章
花钱习惯——好男孩会有节制地花钱

精打细算，男孩要有正确的金钱观

> 妈妈，帮我批发些铅笔吧，这样比较划算。

> 好儿子，都知道省钱了。

旺旺小的时候妈妈就有意识地培养他勤俭节约的习惯，每个月定期给他一定的零花钱，让他试着学习理自己的"财"，并经常让孩子主动买菜、做饭，体验持家的辛苦。

一天晚上，旺旺放学回来对妈妈说："妈妈，我们学校小卖部的铅笔太贵了，你下班回来路过文具批发市场时，给我买两支回来吧，到时候我给你钱，这样我就能省2毛钱了。"

妈妈高兴地说："好儿子，妈妈给你带。你真棒，都学会省钱了。"

下个月妈妈给旺旺零花钱时，旺旺少要了几元钱，并对妈妈说："妈妈，我的本子要用完了，你再去给我多批发几本吧，这样又能省不少钱。"

案例中的旺旺是个精打细算的好孩子，每个男孩都要以他为榜样，保持勤俭节约的消费习惯，进而积极健康地成长！

如何看待金钱，如何获取金钱，如何使用金钱，涉及金钱观。那么，什么是金钱观？简单地说，金钱观就是对金钱的认识、分配与使用方法的思考与行为模式。

毋庸置疑，树立正确的金钱观对于一个人十分重要：正确的金钱观，可以指导我们理性地对待金钱，通过合乎道德与法律的正当途径挣钱，把钱用到利于国家社会、利于他人的有益的地方，用到有利于自己发展、实现人生价值的地方。树立正确的金钱观，让我们的灵魂更纯洁、道德更高尚，境界和智慧都能上一个层次。而价值观的形成，是一个长期的过程，每个男孩都要从小了解"钱"的价值，学习正确处理金钱事务，养成一个良好的习惯。

良好的花钱习惯，第一步就是要积累财富，在生活中精打细算。在此之前，男孩要对金钱有个全面的概念，以下是一些标准：

3岁，应学会识别硬币；

4岁，学会用硬币买简单商品；

5岁，知道管理少量零花钱，知道钱是劳动得到的报酬；

6岁，会识别大面额纸币，知道简单的零钱找换；

7岁，懂得阅读价格标签并确认自己有无购买能力，保证找回的钱数正确无误；

8岁，知道估算所要购买商品的总成本；知道节约以应对近一个月内的需要；

9岁，知道订立简单的每周开销计划，购物时知道货比三家；

10岁，知道每周储蓄小笔钱以在必要时购买较贵的商品，懂得阅读商业广告；

11岁，知道进行较长期的银行储蓄，包括储种、利率，学会计算利息，知道复利的原理；

12岁，知道明智投资的价值，懂得正确使用一般银行业务中的术语，并知道钱来之不易应该珍惜；

13~15岁，可尝试一些安全的投资工具和服务，知道如何进行预算、储蓄和初步投资；

16~17岁，要学习一些宏观经济基础知识，了解简单的金融工具之间的相互联系。

懂得这些金钱知识后，男孩自然就能懂得如何精打细算。男孩培养自己的经济意识对于生活在现代社会是正确的行为，在这个充满诱惑的社会中，是否拥有一个正确的金钱观给男孩未来的人生铺垫一个良好的基础显得格外重要。每个男孩都要从小勤俭节约，做到"君子爱财，取之有道，用之有度"，以正确的金钱观作为立世之本！

第 8 章

思维习惯
——学会从正确的角度思考问题

任何一个男孩，在未来都要走进这个充满风险和竞争的社会。一成不变、墨守成规的男孩很容易被淘汰。而这种男孩，多来自父母长辈娇惯孩子的家庭。他们对孩子百般宠爱、限制了孩子自由发挥的空间，因此孩子灵活的思维随着骄奢淫逸的生活习惯慢慢磨灭。男孩要想培养出自己的高智商，就要从小养成灵活多变的思维习惯，凡事从多个角度考虑。这样，你会成为一个积极进取、敢于改变思路、打破常规来塑造自己命运的人。

开动大脑，培养创造性思维

相信任何一个男孩都知道，未来社会是竞争日益激烈的社会，每个男孩都要锻炼生存的能力和坚强的意志，还有竞争的本领。这一切都离不开一个好头脑，因此，男孩要想聪慧过人，必须从小学会开动大脑，进行创造性思维的培养，找出不同寻常的方法引导自己走出困境，拥有卓尔不凡的智慧。

一个人有没有创造性是他的思维方式所决定的。创造性思维是创造力的核心，是人类智慧的体现，不寻常的思维会引导不寻常的成功，男孩要想在未来社会竞争中脱颖而出、担当大任，就必须会灵活变通，必须学会创新。创造性思维通常包括逆向思维、发散思维、抽象思维，其实思维的实质是一致的，只是换了一个完全不同的角度和方向。

以下几点是男孩训练创造性思维的建议：

1.发散思维的获得

获得发散思维，需要男孩们多锻炼自己的联想能力，同时多引导自己从事物中获得某种启示、感悟，比如在写作文时提高思想认识，深化作文主题。这不仅是对男孩思维的训练，也是一种德育。

2.抽象思维的获得

十来岁的男孩已经懂得概括了，但这一能力依然需要训练强化，常见的是分类的方法，比如，在一堆物品中，将它们按照类别分开，把动物和植物分开，把蔬菜和水果分开，等等。这种训练可以帮助你思维从具象进入抽象，而具有抽象概括能力是男孩智力的一次大飞跃。

再比如，还可以将一系列数字按照某种规律分开，如，在5、7、9、10、11、13、15这七个数中去掉一个多余的数。这种数的概括推理方法，小学一二年级的学生也不是轻而易举就能掌握的。但如果经常能以有趣的方式进行思维训练，男孩就可以更早获得这方面的成功。

3.逆向思维的获得

逆向思维是创造性思维中的主要部分，逆向思维有两大优势：

逆向思维优势一：在日常生活中，常规思维难以解决的问题，通过逆向思维却可能轻松破解。

逆向思维的优势二：逆向思维会使思维独辟蹊径，让人在别人没有注意到的地方有所发现，有所建树，从而制胜于出人意料。在日常生活中积极主动地运用逆向思维，则能够起到拓宽和启发思路的重要作用。当你陷入思维的死角不能自拔时，不妨尝试一下逆向思维法，打破原有的思维定势，反其道而行，说不定就会眼前一亮，豁然开朗。

的确，不寻常的方略引导不寻常的成功，男孩思考问题时要灵活变通。当大家都朝着一个固定的思维方向思考问题时，你不妨换个方向思索，这实际上就是以"出奇"去达到"制胜"。这种思维方式一旦运用到学习中，学习效率就会大大提高，而当你长大成人时，这种思维方法会让你事半功倍，甚至会得到不同寻常、出其不意的成功。

训练逻辑思维能力，成为高智商少年

很多男孩在学习中都有逻辑思维题的测试，这类问题突出的特点表现在试题灵活，难度较大，并且需要很强的逻辑思维功底。这对于男孩来说也是一个不小的考验。其实，提升男孩的逻辑思维能力，不只有通过考试这一手段，更要男孩们在平时就进行训练。

那么，什么是逻辑思维呢？

逻辑思维，又叫理论思维，它是人们在认识事物的过程中运用概念、判断、推理等思维形式能动地反映客观现实的理性认识过程。它是思维的高级阶段，也就是理性认识阶段。

逻辑思维，指的是符合某种人为制订的思维规则和思维形式的思维方式，常被称为"抽象思维"或"闭上眼睛的思维"。

逻辑思维有其自身的特点，比如，它是确定的，而不是模棱两可的；是前后一贯的，而不是自相矛盾的；是有根据的、条理化的。逻辑思维要用到概念、判断、推理等思维形式和比较、分析、综合、抽象、概括等方法，而掌握和运用这些形式和方法的程度，也是一个人逻辑思维能力强弱的体现。

在男孩的各大智力活动中，核心部分就是逻辑思维能力，这也是智力结构的核心，也就是说，逻辑思维能力是孩子成才最重要的智力因素之一。逻辑思维能力在一个人一生的任何阶段都起着相当重要的作用。在男孩发展思维能力的早期，如果逻辑思维能力得到了训练，那么，这将对男孩的智力发展起到非常重要的奠基性作用。

科学研究表明，人的逻辑思维发展是遵循一定的趋势的：从具体形象思维到抽象思维，即由动作思维发展到形象思维，再依次发展到抽象逻辑思维。所以，男孩的逻辑思维能力也是从小就开始发展的，男孩要想让自己的思维更活跃，就要从小训练自己的逻辑思维能力，具体来说，男孩可以这样训练：

1.学会自己讲题目

当你在做比较难的，需要通过思考才能做出来的题目时，你可以讲一讲对这个题目的解题思路和理解。当你能够清晰地说出解题思路时，你的逻辑思维能力就得到了锻炼。经常这样训练，你的逻辑思维能力将变得更强。

2.敢于提问

在生活中，你要敢于提出各种问题或疑问，会问、会质疑说明你会动脑、会反思。凡事多问几个为什么，你会在思维上对事物逐步养成一种分析、思考的习惯。

3.建立纠错本

男孩做作业、考试通常都会做错题目，把每道做错的题目在纠错本上写出来。这样就可以很好地掌握自己的不足之处和容易犯错的题型，可以预防下次再犯这样的错误。这样就会养成改正错题的习惯性思维。

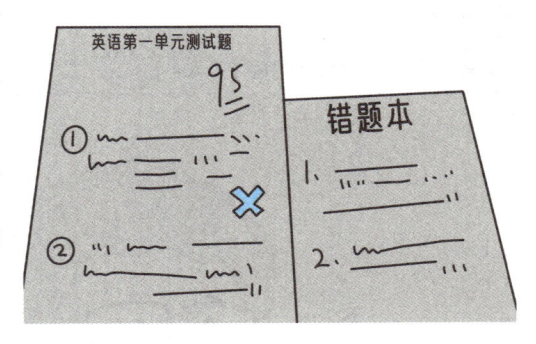

4.增强观察能力

平时注意培养观察事物的能力，如各种物体都有不同的颜色、形状和用途。多掌握一些空间想象能力，如一个物体，不同的角度看到的形状与面都不同。这样就可以训练观察和辨别思维能力。

换个视角看问题，跳出现有的思维框架

铅笔还可以用来做发簪、做书签……有这么多用处呢！

男孩们，当提到铅笔的用途的时候，你能想到些什么呢？可能你会说"书写"，我们也经常在学习中用到铅笔。但实际上，这只是铅笔的一般用途，你至少可以得出这样多的答案：绘画、当发簪、做书签、当尺子画线，它削下的木屑可以做成装饰画，在遇到坏人时，削尖的铅笔还能作为自卫的武器……所以，千万不要以为铅笔只有一种用途——写字。满足于单一的答案就限制了你的思维能力。如果你不能做到转换思维思考问题，那么，你可能经常陷入思维的困顿中。

曾有位名人说："在观察认识事物时，如果只有一个视角，这个视角是最容易把人引入歧途的。如果我们能寻找不寻常的视角，用不同的视角去观察寻常的事物，就会使事物显示出某些不寻常的性质。从不寻常的视角观察到的事物虽然与别人一样，但构思出的结果却与别人不同。"

的确，很多时候，有些事情看似不可思议，复杂难解，但只要我们换一个

思考问题的角度，跳出习惯的思维框架，就会得出异乎寻常的答案。

每个人都希望自己做事能有一个好的角度，从而把事情做得尽善尽美。好的角度，当然是从思维而来。只有运用头脑，积极思考，转换思路，不断寻找出新的做事方法，你才能够发现、创造更多的机会，实现自己的目标，改变自己的生活。

从这一启示中，男孩们，你应该有所收获。那么，不妨做到以下几点：

1.激发好奇心，主动发现问题

比如，在生活中看见某种现象，你不妨问问自己为什么会是这样，而不是那样？喜欢探究想象事情的前因后果是一种爱好，也是提高全面看问题能力的好方法，用不间断的思考来丰富自己，加深自己的生活阅历。在工作和学习上，对任何事情都要带着疑问，尽量满足自己的好奇心。

2.善于思考，分析问题

我们对一件事物的思考过程，实际上就是我们的认知从现象到本质、从感性到理性、从具象到抽象的过程。思考其实就是一个分析的过程。由于思考，我们才能够认识事物内部、事物与事物之间的联系。在思考的过程中，你要学会对照比较、归纳概括、融会贯通、举一反三等。

3.多积累，丰富自己的经验

只有多了解实际情况，丰富自己的人生经验，多积累，思考的内容才能更具体、更丰富，看问题才会更全面。为达到这个目的，你要多看书，多了解一些生活规律，用前人的经验来充实自己。比如，可以读一些文学、哲学思想方面的书，这些都是他人经验的结晶、生活的反映。另外，可以培养广泛的兴趣爱好，积极投身于生活实践，有意识地增加社会实践的机会。

同样，在心境上，你也可以尝试换个角度看待现状。男孩，现在的你还处于成长中，未来你可能会遇到这样或那样的不如意，换个角度看待，你很快就能调整好心态，这样，看到的不仅是希望，收获的更会是快乐。一位伟人曾说过："要么你去驾驭生命，要么生命驾驭你，你的心态决定了谁是坐骑，谁是骑师。"人活一世，一定要将自己定位在骑师的位置，遇到艰难与挫折时，换个角度，以一个良好的心态待人处事，可以把生命的舞台演绎得更加精彩。

第8章
思维习惯——学会从正确的角度思考问题

凡事思虑周全，提升成事的可能性

注意细节

古人云："凡事预则立，不预则废。"大到国家，小到个人，做事时都必须要有计划性，只有做到缜密行事、步步为营，才能让事情多一分胜算，但凡要把一件事情做好，一般都要经历资料收集、深入调查、分析研究、最终下结论这样一个过程。布莱德雷将军曾说："第二次世界大战期间，我们抵达莱茵河的时候，我并不见得知道怎么建造桥梁，但是我知道相关的事情有哪些，我让筑桥的工兵有足够的时间和补给，这一点是非常有帮助的。"

诚然，我们已经肯定了理想和愿望在追求成功的道路上的重要性。生活中，我们不难发现，一些年轻人，尤其是青春期的男孩，他们始终改不了粗糙的毛病，思考问题时，思路紊乱，东拉西扯，始终是稀里糊涂；生活中也是粗心大意。而结果只能是事情做不到尽善尽美。而长此以往，他们就养成了一些不良的行事习惯。

可能你会天真地认为，那些小问题怎么会影响到大局呢？的确，只是一些细节问题，比如，一个小数点。但你要明白，一个小数点的遗漏不仅会影响到一道题的演算结果，甚至会影响一笔巨大的投资款项。因此，从现在起，你一定要培养自己关注细节的习惯，一件事情，即使你做到了99%，就差1%，但就是这点细微的区别会导致你无法做到突破。

在我们生活的周围，经常发生因为细节上的欠缺考虑而导致"满盘皆输"的事情。这给所有处于成长期的男孩们一个警示：无论是学习还是做事，都要做到思虑周全，忽略细节容易导致功亏一篑。当然，做好生活中的每一件小事也并不容易。

那么，男孩们，该如何培养自己周全的思维习惯呢？

1.勤于思考

思维的力量是巨大的，但人的大脑就如同一台机器，长时间不使用，它的工作能力就会下降。因此，要有智慧，就要有一颗善于思考的头脑。真正的"有头脑"，指的是善思考、勤实践，有思想、智慧、远见、卓识和才干。一个人虽然长着脑袋，但若不善用脑袋，没有思想、智慧、远见、卓识和本领，是不能算是有头脑的。

男孩们，在日常生活中，如果你遇到一些以你的知识储备不能解决的问题，就要开发自己的大脑，用自己的方法找到答案。举个很简单的例子，房间的台灯坏了，你可以自己动手修修看，不明白的地方，你可以从物理书上找到答案。当你学会了修理台灯，家里很多小电器坏了，你都可以自己解决了。

2.做任何事都要制订完善的计划和标准

要想把事情做到最好,你必须在心中为自己设定一个严格的标准,并且,在做事时,你一定要按照这个标准来执行,绝不能马虎;另外,在作任何一项决策前,一定要思虑周全,并做广泛的调查论证,广泛征求意见,尽量把可能发生的情况考虑进去,以尽可能避免出现1%的漏洞,直至达到预期效果。

3.做事要有条理有秩序,不可急躁

急躁是青少年的通病,但任何一件事,从计划到实现的阶段,总有一段所谓时机的存在,也就是需要一些时间让它自然成熟。假如过于急躁而不甘等待的话,经常会遭到破坏性的阻碍。因此,无论如何,我们都要有耐心,压抑那股焦急不安的情绪,才不愧是真正的智者。

第 9 章

观察习惯
——一切尽在细节之中

著名生物学家巴甫洛夫对他的学生说:"应该先学会观察。不学会观察,你就永远当不了科学家。"事实上,除了科学研究,任何人对世界的认识都是从观察开始的,即通过自己感官的感觉来获取外界的信息。对于学习阶段的男孩来说,观察力如何,也直接影响到你的一生,拥有一双火眼金睛,你才能察人所不能察,才拥有了走在人前的本领。所以观察习惯的培养是极其重要的。

学做有心人，提高观察力

无疑，观察力是人一生中很重要的能力。对于某些人来说，他们可能长着一双美丽的大眼睛，但美丽纷繁的世界却并没有留在他的脑海中。这就是因为他们观察力不强。

一个人的观察力如何，直接关系到他的一生。因为观察力是我们获取信息和资料的重要途径。不会观察者，不可能拥有杰出的智慧，也不可能成就非凡的事业。所以观察力很重要。每一个学习阶段的男孩们，要想让自己的思维更敏捷，要想提高自己的学习效率，要想探索科学的奥秘，就得仔细观察。这就需要你学做生活的有心人，在生活中有意识地提高自己的观察力。

然而，观察力的训练并不是毫无章法的，为此，你可以从如下几个方面入手。

1. 明确观察目的，提高观察责任心

生活中，人们做任何事、说任何话都是有目的的。在观察的过程中，你也只有带着目的进行观察，才能提高责任心，才会对自己的观察力提出较高的要求，从而提高观察力。

明确观察目的，包含两层意思：

第一层是认识到观察力的重要性，认清观察对自身发展的好处；第二层是在观察事物前，都要有明确的目的，即观察什么，为什么观察。

比如，在家中，你可以找出一件工艺品，观察其颜色、形状、大小、用途、特点等，在观察的过程中，你还可以边观察边用语言描述。

2. 观察时要全神贯注，聚精会神

注意性是观察力的重要品格之一。只有提高注意性，对观察对象全神贯注，才能做到观察全面具体，才能收集到对象活动的细节。

3. 培养浓厚的兴趣和好奇心

兴趣和好奇心是提高观察力的重要条件。一个人具有好奇心，对其观察的对象有浓厚的兴趣，他就会坚持长期持久的观察而不感到厌倦，从而提高观察力。

4.掌握良好的观察方法

不懂得观察的方法,这样的观察是不会发现什么的,对学习和工作也不会带来益处;相反,却会浪费时间,影响学习、工作的效率。因此观察事物必须掌握合适的方法。

常用的观察方法有:全面观察和重点观察;在自然状态下观察和实验室中观察;长期观察,短期观察,定期观察;正面观察和侧面观察;直接观察和间接观察;解剖(或分解)观察,比较观察;有记录观察和无记录观察;等等。观察不同的对象,出于不同的目的,应事先考虑用什么样的观察方法。有时候,需要几种方法配合使用。

总之,观察事物是为了认识事物,感知是认识的第一步。观察力的提高也需要循序一个渐进的过程。在生活中留意一事一物,能帮你提高观察能力。

第9章 观察习惯——一切尽在细节之中

多方搜集信息并求证，提高观察的准确率

> 医生，这是什么东西呀？

观察力的重要性已经毋庸置疑。每一个男孩，都要做到留心身边的一事一物。然而，你还应该认识到的是，人的眼睛所看到的事物往往是表象，具有不真实性。因此，你必须在观察前和观察后都进行一番信息搜集的工作，有目的、有计划的观察活动才是真实有效的、准确率高的观察。

我们观察到的往往只是现象，有现象就有本质。为了提高观察的准确率，我们最好在观察前后都多方搜集信息，并努力求证。

10岁的东东是个很聪明的四年级学生，他对周围的事都充满了好奇。生活中，他总是喜欢问爸爸妈妈"为什么"。后来，被他问烦了的爸爸妈妈就对他说："如果不明白，你就自己去求证，这样不是更有意思吗？"东东点了点头，他觉得爸爸妈妈的话很有道理。

有一次，东东的脚趾上长了一个疮。周末的时候，爸爸带着他去医院清洗伤口，他看到医生用一瓶透明的液体擦在自己的脚上。很快，他发现，脚趾头上居然开始冒泡泡，东东感到很奇怪，就问医生："这是什么东西啊？好像不是酒精。"

"你怎么知道不是酒精?"医生问。

"酒精有味道嘛。"

"挺聪明的小孩。"医生对东东爸爸说。

就在东东准备和爸爸一起回家时,天突然出现了闪电,过了会儿,还打雷下起雨来。东东又感到奇怪,为什么先看到闪电,再听到雷声呢?短短一个周末,已经出现了好几个问题困扰东东。

回家后,东东赶紧上网查资料,那种冒泡泡的物质是什么?雷声和闪电出现的时间为什么不一样?终于,他得到了答案,消毒的是双氧水,之所以冒泡泡是因为双氧水在常温常压下容易分解成水和氧气,气泡就是氧气。而雷声在闪电后出现是因为光速比声速快很多。接下来,东东又产生了很多疑问,什么是化学反应,氧气又是什么?雷声是怎么出现的……

从那以后,东东对物理、化学充满了兴趣,尽管他在学校还没有接触到这两门课程,但他经常向其他高年级的同学借书来自学,现在的他已经成为了班级中的百事通了。

生活中的男孩们,当你在遇到东东的疑问时,会不会也和东东一样去找资料求证呢?真正解决观察中的疑问,才是有效的观察。因此,你在观察时也要带着质疑的眼光和追求到底的精神,这样,你的求知欲才会得到激发,才会不断获取知识。为此,在观察中,你需要掌握以下几条原则:

1.知识准备充足

有效的观察,必须立足于具备关于观察对象的预备知识,知识准备越充足,对观察对象的理解就越透彻。

2.对事物有顺序、有步骤、系统地观察

在观察某些事物时，要按照由表及里、由上至下、由突出到细致的规律等，按一定的顺序观察。

3.敢于质疑观察结果，并要努力求证

有时候，你所看到的现象并不是事实的全部，因此，你最好再去寻找一些同类现象，如果前后几次观察的结果不同，你更要寻根究底找到正确的答案。

总之，男孩们在观察时，一定不能停留在当下的现象中，而应该勇于怀疑、努力求证，这样的观察才是最准确的。

认真倾听，破译对方心态

现实生活中，相信很多男孩已经认识到察人、识人在人际交往中的重要性，只有具备明眸慧耳，看清你的应酬交际对象，才能作出正确的交际决策，避免很多误区。可是如何掌握它的技巧和切入点，却成为一个难题。心理学家认为，无声语言所显示的意义，要比有声语言多得多，而且深刻得多。

一个人说话时的语气、语调、神态等，都是承载这句话的基础，它所包含的内容会让这句话所传达的情感更加丰富。当别人笑着很亲切地说："真是一个混蛋！"你可以把这句话当成一个玩笑，但是同样是这句话，当人们咬牙切齿地说出来时，你就要认真对待了，否则很可能最后会酿成悲剧。很多时候，一句话并不是光用耳朵听就可以明白的，还需要用眼睛去看，用心去想，最终你才能理解这句话的含义。只有从对方的语气揣摩对方的心理，才能在与人交流中有的放矢。

大多数观察人的高手，他们通常都能在对方所说话语的字里行间找到线索，巧妙地掌握对方的心理，从而了解他人对自己的态度、对事物的看法，进而诱导、确认或控制对方的想法。

因此，在观察他人的过程中，你不仅要学会观察他人的举止、颜色，还要懂得倾听，因为很多时候，对方传达的信息并不是直接陈述的。

那么，具体来说，我们该怎样从倾听中破译对方的心态呢？

1.听出对方的情绪和意图

在各个场合，"听话听音"，一个人即使不和你说真话，他的语气同样可能暴露出他的性格、愿望、生活状况甚至他的意图。潜藏在人内心的冲动、欲望等，总是会通过某种方式体现出来，所以要了解对方意图，可借语气来读懂他的心思。因此你只有准确地抓住他的心，才能更准确地分析他的心理，也才能看准他人的本质。

生活中，我们能从别人的语气看出一个人与你交谈时候的情绪，而留意了他的语调语速变化，你就留意到了他的内心变化。有些语调变化是故意的，那是他想向你传达某些信息。而某些语调变化是潜意识的，你可以从中发现他的情绪变化，以便随时调整你的说话内容。

2.鼓励对方多说

任何人在谈话的时候，都希望自己的意见和观点得到认同、理解。因此，如果你能表示出对对方的理解的话，那么，他是很愿意继续说下去的。你可以在倾听后适当地加入一些简短的词汇，比如，

"对的""是这样""你说得对"等。也可以点头微笑表示理解。当然，你还需要做到专心倾听，并与对方偶尔进行眼神交流，切不可心不在焉。

总之，在与人打交道的过程中，男孩们，你必须学习看穿他人心思的本领，懂得一些"读心术"。看人不能看表面，也不要凭三言两语无端地断定一个人，只有多方观察，从举手投足、眼神等各个方面综合判断才能真正判断他的心思、用意。而学会倾听，训练自己破译他人的心态，可以说是促使自己圆满处理人际关系的重要条件。

如何通过对方的眼神读懂对方的内心

人们常说,眼睛是心灵的窗户。在人类的感觉器官中,眼睛是最重要的器官之一。眼神是无法掩饰的,因此往往能更真实地表达出一个人的品质、修养以及心理状态。男孩们,在训练自己观察力时,如果你能学会从眼神中看透和理解他人所表达的意思,那么你就能够觉察到对方真实的内心世界,从而更好地与之交流。

那么,如何通过对方的眼神读懂对方的心灵,从而提高自己的观察能力呢?下面,让我们一起来学习学习。

1.不同的眼神,反映出不同的性格类型

不同的眼神,反映着不同的内心世界。同样,不同的人,眼神也是不同的。

性格内向的人,交谈时视线无法集中在对方身上,即使偶尔能集中,也是一闪即逝,这种人往往不善交际和与人沟通;自卑的人,往往眼神躲闪,无法长久注视他人,一旦发现别人在注视他,马上会收回目光;三心二意的人,别人说话时一边点头一边左顾右盼,从来不把视线集中在谈话者身上,这说明听

话的人对说话的人以及说话人所说的话题不感兴趣。凝神倾听的人，总是将视线集中在对方的眼部和面部，以表示对对方的尊重和理解；心不在焉的人，注意力集中在自己正在干的事情上，非但不看对方说话，而且反应冷淡。

2.不同的眼神，反映出不同的情绪倾向

一个人，如果总是用充满仰视的眼神看着对方，说明其对讲话者充满尊敬和信任；反之，如果总是俯视他人，则表明他是在刻意维护自己的尊严。表示认可和欢迎的时候，人们总是伴着微笑而注视对方；反之，如果紧皱眉头，用焦虑的眼神看着对方，则表示担忧和同情。

当一个人鄙视对方的时候，总是保持面无悦色的斜视；当一个人想讽刺一个人的时候，总是用冷漠的眼神看着对方，然后突然一笑；当一个人突然圆眼瞪人时，是在表示一种警告或制止；当一个人从头到脚地以挑剔的目光巡察别人时，则表明他在审视对方。

如果两个人彼此心存好感，那么说话的时候往往喜欢注视对方的眼睛，以达到眼神的沟通、心灵的交流；相反，如果两个人话不投机，就会尽量避免注视对方的目光，以消除不快。此外，漠视的眼神给人一种拒人于千里之外的感觉，还有一种轻蔑的意思在里面；睐视也是不太友好的表示，给人一种睥睨和傲视的感觉。

3.不同的眼神，传达出的信息也是不同的

在交往中，眼神和心理是互通的，如果能够在实践中加以运用，对交往将大有好处。如果你想在和对方的争辩中获胜，那你千万不要挪开目光，以示坚定不移的决心；如果你希望给对方留下深刻的印象，你就要长久地凝视他的目光，以示自信；在和一个人交谈的时候，如果对方漫不经心而且双目微闭，你就要知趣，及时停止交谈，倘若你还想继续进行有效的沟通，那就要随机应变；和一个初次见面的人交谈时，如果你想和对方建立良好的关系，至少要有60%~70%的时间注视对方。

需要注意的是，不要一直直视对方的眼睛，可以注视对方的两眼和嘴之间的三角区域，这样才能正确而有效地向对方传递你友善的信息；在和陌生人的交往中，如果你想尽快和对方建立信任感，那么，在对方讲话的时候，你就要面带微笑，并且以期待的目光注视对方。

第10章

劳动习惯
——自己动手,丰衣足食

当今社会,我们不得不承认这样一个事实,随着物质生活水平的提高,很多成长期间的男孩都过着衣来伸手、饭来张口的生活,什么都由父母包办。他们凡事找父母,有强烈的依赖性,认为万事万物得来全不费功夫。事实上,这样的男孩是长不大的。因为一个健全的社会人必须具备一项能力——自立能力,学会自立,才能自强。因此,无论你的自立能力如何,你都必须从现在就开始有意识地历练自己,只有这样,你才能做好在未来社会收获成功的准备。

尽早自立，做顶天立地的男子汉

从人类社会发展的历史看，人类必须具备谋生、抵御生活磨炼和趣味化生活这三种能力。无论远古还是当今，一个人，要想具备这三种能力，都必须有个前提，那就是自立。尤其是男孩，要成为男子汉的第一步就是自立，自立然后才能自强，才能有所担当。然而，现代社会，我们发现，因为各方面的原因，不少青少年阶段的男孩都有依赖性格，他们喜欢将自己的需求依附于别人，过分顺从于别人的意思，一切悉听别人决定，深怕被别人遗弃。他们当然就缺乏独立性，不能独立生活，在生活上多需他人为其承担责任，做任何事都没有主见，在逆境和灾难中更容易心理扭曲。

其实，人生成功的过程也就是个人克服自身性格缺陷的过程。因此，每个处于青少年阶段的男孩，你必须从现在起就学习自立。

陶行知先生曾经说过："滴自己的汗，吃自己的饭，自己的事情自己干，靠人靠天靠祖上，不算是好汉。"人生的道路总是曲曲折折的，不会一帆风顺。一个人有了自强自立的精神，就会有勇气克服困难，使自己的生命之火熊熊燃烧，就可以迎接生活的挑战！

香港巨富李嘉诚的名字早已家喻户晓，尽管他拥有亿万家财，但对于子女的教育问题，他一直比较重视，并且，他非常注重培养孩子的独立生活能力，他这样做，是为了让孩子练就靠自己生存的本事。

李嘉诚有两个儿子，就在他们还只有八九岁时，他们就遵循父亲的意思经常参加董事会，并且，他们不能只是旁听，还必须发表意见和见解。这样做的好处在于，他们能看到长辈们是如何处理公司事务的，能锻炼他们处理和分析问题的能力。

后来，他们都考上了美国斯坦福大学。毕业后，他们也曾向父亲表示想要在他的公司里任职，干一番事业。李嘉诚断然拒绝了他们的请求。

李嘉诚是这样对两个儿子说的："我的公司不需要你们！还是你们自己去打江山，让实践证明你们是否能够到我公司来任职。"

于是，他们都去了加拿大，一个搞地产开发，另一个去了投资银行。他们凭着从小养成的坚忍不拔的毅力克服了难以想象的困难，把公司和银行办得有声有色，成了加拿大商界出类拔萃的人物。

李嘉诚教育孩子的方法无疑是正确的，父母作为孩子成长的坚实后盾，永远在孩子的身后给予他最多支持与信任，越早放手越是父母对他们最大的爱。而从他的教育方式中，青春期的你也应该获得启示，凡事靠自己，形成独立的性格，才能真正成长为一个自强的人。

易卜生先生曾经说过："世界上最坚强的人就是独立的人。"是的，因为自立的个人才会有所作为，自立的国家才会不受欺负，实现繁荣富强。这些无疑说明了人要学会自立，更要懂得自立。因为总有一天你会长大，许多事情都要自己解决，自己面对。我们不能事事都依赖于他人，因为不懂得自立就会被社会所淘汰。

的确，不自立的人是长不大的，因为他们习惯于依赖他人，完完全全失去主见，处事不能当机立断，没勇气和自信把握时机，让千载难逢的好机会白白流失，只有自立的人有着自己出来闯一番的胆量，才能攀上胜利的顶峰，看见山那边的海！

男孩不要什么事都指望别人

我们都知道，现代社会，很多男孩都是家里的独生子，是爸爸妈妈、爷爷奶奶、外公外婆的心头肉。衣来伸手、饭来张口的溺爱行为导致大多数男孩的生活自理能力极差，缺乏自信，什么事都指望别人。

教育专家指出，依赖心理是日常生活中较为常见的一种心理表现，其主要特征是不自立、不自信、不自主，常常依赖他人，喜欢听他人的意见和指导，做事犹豫不决，很难单独进行自己的计划或做自己的事。

事实上，这种依赖心理和依赖行为是有很大的危害的。它不仅会造成一个人失去独立生活的能力和精神，使人缺乏生活的责任感，造成人格的缺陷，还会使人产生不劳而获的思想，一味地贪图享受，不能适应社会生活，甚至危害社会和他人，走上违法犯罪的道路。

在所有人眼里，小刚一直是一个优秀的孩子。为了让小刚能够集中精力学习，父母可谓是操尽了心，除学习以外的任何事情，父母都会代替小刚去干。

吃饭时，妈妈会及时地把饭端到他的手边；衣服脏了，当然也是妈妈的事；笔记本用没了，也是妈妈亲自去买。到了高中毕业，他连自己的袜子都未曾洗过，他习惯了饭来张口，衣来伸手的生活，而且有时还为自己拥有这种生活而沾沾自喜。高中毕业后，他以优异成绩，考到了上海某所名牌大学，这是他梦想中的大学。这年九月，他和所有学子一样，来到了上海这个大都市。然而，没过多久，他就遇到了许多困难：他不会买饭，不会洗衣，甚至经常找不到上课的教室，也不知道该如何和同学相处。虽然好心的同学也在不断地帮助他，但还是难以解决他的适应问题，这令他万分苦恼。无奈之下，他只好提出了休学，学校根据他入学以后的表现同意了他的请求。

从小刚的经历中，我们看到了凡事都依赖他人的危害。每个男孩，都要主动告别依赖。要做到这点，你要纠正平时养成的习惯，具体来说，你需要做出这样的改变：

1.要破除习惯性的依赖

依赖型人格的依赖行为已成为一种习惯，首先必须破除这种不良习惯。你可以查一下自己的行为中哪些是习惯性地依赖别人去做，哪些是自己完成的。可以每天做记录，记满一个星期，然后将这些事件分为自主意识强、中等、较差三类，每周一小结。

2.要增强自控能力

对自主意识强的事件，以后遇到同类情况应坚持做。对自主意识中等的事件，应提出改进方法，并在以后的行动中逐步实施。对自主意识较差的事件，可以通过采取提高自我控制能力来提高自主意识。

3.独立解决问题

依赖性是懒惰的附庸，而要克服依赖性，就得在多种场合坚持自己的事情自己做。因此，生活中，你再也不要让家长当你的"贴身丫鬟"了，也不要让家长帮你安排所有事。比如，你可以独立地解一道数学题，独立准备一段演讲词，独立地与别人打交道等。

总之，从现在起，你必须要提高自己的动手能力，多向独立性强的同学学习，不要什么事情都指望别人，遇到问题要做出属于自己的选择和判断，加强自主性和创造性，学会独立地思考问题。独立的人格要求独立的思维能力。

勤奋的习惯终究会让你有所收获

> 今天要多画几张，以弥补昨日的"闲过"呀。

我们都明白一个道理，每一分的进步都不会凭空从天而降，每一阶段的小胜也都不是靠运气就可以获得，化梦想为现实的道路，是一个人勤勤恳恳，一手一脚闯荡的过程。具备成功者的素质才会使你胸有成竹，而任何投机取巧只会让你心虚。因此，每一个处于知识积累阶段的男孩们都应该认识到勤勉的重要性。可能你会有疑问：我现在已经上初高中了，曾经没有努力学习，荒废了很多时间，现在努力会不会已经晚了？当然不是，但你首先要做的就是收拾自己的心情，然后梳理好自己的思绪，从现在开始，为成功奋斗，"不叫一日闲过"！

著名画家齐白石年逾90，每天仍作画5幅。他说："不叫一日闲过。"他把这句话写出来，挂在墙上以自勉。一次，他过生日。由于他是一代宗师，学生朋友很多，从早到晚，客人络绎不绝。白石老人笑吟吟地送往迎来，等到送走最后一批客人，已是深夜了。年老的人，精力是差了，他便睡了。第二天他一早爬起来，顾不上吃早饭就走进画室，摊纸挥毫，一张又一张地画着。他家里人劝他："你吃饭呀。""别急。"画完5张后他才用饭，饭后他继续作画。家里人怕他累坏了，说："您不是已经画了5张吗？怎么还要画呢？""昨日生日，客人多，没作画。"齐白石解释，"今天多画几张，以补昨日的'闲过'呀。"说完，他又认真地画起来了。

齐白石已为画坛成功者，年迈之时仍不忘勤奋，这不正是告诉我们：奋斗不分年龄，只要你把握现在吗？

爱默生告诫我们："人总归是要长大的。天地如此广阔，世界如此美好，等待你们的不仅仅需要一对幻想的翅膀，更需要一双踏踏实实的脚！"伟大的成功和辛勤的劳动是成正比的，有一分劳动就有一分收获，日积月累，奇迹就可以创造出来。这是绝对的真理。只有勤奋才是最高尚的，才能给人带来真正的幸福和乐趣。男孩们，从现在起努力吧。你需要做到：

1.树立脚踏实地的态度

面对任何事情都必须要具备勤奋的态度。真正的成功是一个过程，是将勤奋和努力融入每天的生活中，融入每天的工作中。成功没有捷径，它需要脚踏实地。

2.习惯是最好的老师

如果勤奋已经成为一种习惯，那么，它也就能变成一种理所当然的事。就像习惯睡懒觉的人认为早起是痛苦的，但习惯于早起的人却把早起当作一件平常不过的事，因为早起对于他们来说已经是一种习惯。

3. 要有坚定的决心和持之以恒的毅力

这是老生常谈的话题，但依然重要。那么，如何做到中途不放弃？你要有良好的心态、乐观的精神和自信心。很多人选择目标后又中途放弃，就是因为觉得坚持这么久，没有成果，觉得自己学的没有用。其实，条条大路通罗马，既然选择了自己的路，就要毫不犹豫地走，一直在原地徘徊，犹豫不决，不知是否该前进，只能让时间白白流走而已。

每天都是新的一天！坚持！

4. 要找到适合自己的勤奋之道，也就是方法

你可以根据自己的性格特征找到一条自己的路。比如在看书上，每个人每天都有自己兴奋点比较高的一段时间，你在这段时间可以看一些自己并不是很感兴趣的书籍，而在心情比较低落的时候看一些自己喜欢的书，调节一下。

爱因斯坦说："人的价值蕴藏在人的才能之中。在天才和勤奋两者之间，我毫不迟疑地选择勤奋，她是几乎世界上一切成就的催产婆。"如果你能做到勤奋学习、勤奋做事，你必当会有所收获。

遇事不逃避,做负责任的男子汉

扛起社会责任

责任,对于任何人来说都是不可推卸的,它体现了一种社会必然性。人活着,就意味着要承担责任。一个责任心强的人,即使经受再大的困难,也不会抛下责任。

的确,一个人如果养成了高度的社会责任心,对国家、对社会和对他人负责,自然也就能摆正个人利益与社会利益的关系,从而达到应有的道德境界。

可见,对于处于成长期的男孩来说,要想把自己历练成一个成熟的社会人,就要从现在起,开始担起各种各样的责任,对此,你需要做到:

1.学会去帮别人分担一些忧患

当然,这种分担要在自己能够承受的范围内。例如,在家庭里我们要担当起作为家庭一分子的责任，在班级里要担当学生的责任，在国家要担当公民的责任……

作为父母的孩子，你应该开始学会为父母分担忧愁了，即使有时候你并不能帮上什么忙，但你的关心也会让他们舒心很多；而在学校，作为学生的你，是集体的一分子，你就有责任维持集体的秩序，努力学习；课下，你还是一个社会人，看到不公平的社会现象，你也有责任制止……

2.努力学习，对自己负责

在这个社会上，每个人都肩负着自己的责任。做好自己的本职工作，不仅是对他人负责，更重要的是对自己负责。作为学生的你，现阶段的任务就是努力学习，只有充实自身与内在，才能做到有担当，才能在未来做好社会赋予的工作，体现自我价值。

3.关心国家，关心社会

我们都生活在一个大集体中，那就是国家和社会，有国才有家，每个男孩也都懂得这个道理。那么，从明天起，不要只关心自己的学习或者最新流行元素了，多关心国家和周围发生的时事吧。

总之，你需要记住的是，一个逃避责任的人注定失败，而一个勇敢承担责任的人，即使没有傲人的成就，也是一个生活中真正的强者，一个真正的人，真正的赢家。

第11章

学习能力
——学习能力是所有能力的基础

现代社会,一个人是否有终生学习的意识、是否有较强的学习能力,直接决定了其竞争力的强弱。处于学习阶段的男孩,你更应该认识到一点——财富有价、知识无价,并应在日常学习中逐步提高自己各方面的学习能力。可想而知,一个不懂得如何学习的人要想提高学习能力和学习成绩是无从谈起的。当然,学习能力是多方面的,它包括注意力、观察力、思考力、应用力、自觉力、想象力、创造力等,从这几个方面培养自己的学习能力,你的学习潜力将会得到最大限度的发挥。

重视培养自己的思维能力

我们发现，古今中外，所有成功者，都具有一些共同的特质：他们积极主动，富有创造力。而当今社会，一切竞争都可以归结为头脑的竞争，因为头脑能催生出创意，能从根本上决定成功与失败。因此，任何一个青少年阶段的男孩，如果你希望获得进步，希望在未来有一番成就，那么，从现在起，你就要重视思维能力的培养。

其实，每个人都有自己的创新意识，有的时候只是处于隐蔽状态，未曾开发出来而已。青少年朋友们，只要你敢于突破常规、敢想敢干，一样能够突破自我。

的确，思维的力量是无限的。思维有多远，你就能走多远，任何一个青少年阶段的男孩都应培养自己的思维能力，思维能力是学习能力的重要方面。而这就需要你训练出良好的思维水平。良好的思维水平的标志是：思考问题从多方面考虑；思考时，看到事物间的内部联系；善于独立思考，不人云亦云；思考速度快；思考方法独特。

常常听到家长和老师评价孩子，说有的聪明，反应快；有的反应迟钝，问题稍一变形，就不会解；有的语言表达不清，东一句，西一句，没有条理；而有的说话、讲故事都井井有条等。这些都是对思维水平高低的评价。

那么，男孩该如何锻炼自己的思维能力呢？

1.训练有条理的思维习惯

凡事多问自己几个为什么，这一点，在学习上显得尤为重要，比如，在数学上，学习梯形、平行四边形、正方形时，要想想他们之间存在什么关系；在学语文时，要学会联想，比如，阅读古诗"横看成岭侧成峰，远近高低各不同。不识庐山真面目，只缘身在此山中"，你应想到，从不同角度看到庐山不同的景象，原因是作者身在此山的缘故。其中也隐含着这样一个道理，"当局者迷、旁观者清"。

2.学会推理

这一点，你可以从做题中锻炼，也可以从日常生活中学得，比如，一到冬天，为什么就会下雪？刑侦片中的警察是怎么破案的……

3.遇到问题多想想,多试几种方法,灵活解决困难

比如,你需要推一个很重的箱子,而你怎么也推不动,那么,还有什么别的方法呢?再比如,在演练某道数学题的时候,你就可以转换一种思维方式,看看能得到什么,有时候,你会发现,只要你敢想,就有令你意外的惊喜。

散文家余秋雨说:"成熟是一种明亮而不刺眼的光辉,一种圆润而不逆耳的声响,一种不再需要对别人察言观色的从容,一种终于停止向周围申诉求告的大气,一种不理会哄闹的微笑,一种并不陡峭的高度。"一个人是否成熟的重要标志就是思维是否灵活。而更为重要的是,思维能力是学习能力的重要方面,生活中的男孩,从现在起,重视培养自己的思维能力,你就能变成一个头脑灵活、善于变通,更能巧妙地运用知识解决问题的人。

第 11 章
学习能力——学习能力是所有能力的基础

拥有自主学习能力，做学习的主人

到点了！
该学习了！

在竞争激烈的当今社会，一个人的竞争力如何，很多时候体现在他是否有自主学习的能力上。因为这涉及一个人最终能否获得丰富的知识，是否能变得博学。同样，作为学生的男孩们，你也应该学会自觉、自主地学习。如果你能做到自主学习，那么，你的学习效果就会显著加强，远非注入式教学所能相比。

古人说得好："善学者，师逸而功倍，不善学者，师勤而功半"，一个学生一旦有了自觉学习的理念，他就能主动学习，独立思考，将来长大参加了工作，他还能找到自身不足，不断地扩充自己的专业知识水平，懂得探究，最终实现发明创造。

然而，我们不难发现，现实生活中，普遍存在老师讲、学生听，老师讲什么、学生听什么，老师讲多少、学生听多少、老师启发什么、学生思考什么，老师启发到哪儿、学生跟着想到哪儿的现象。很多孩子都习惯接受老师"填鸭式"的教育，这样的孩子坐等饭吃，又怎么会实现自我突破呢？

实际上，培养自主学习能力是社会发展的需要。每个人都必须有终生学习的意识，因为一个人仅仅靠学校学到的知识是远远不够的。终生学习能力已成为一个人必须具备的基本素质。

当然，自主学习的能力不是一朝一夕形成的，它是在学习实践中通过反复训练、反复运用、不断提高的。要掌握自主学习的能力，你需要做到：

1.端正学习目的

你为什么而学习？是父母强逼你学习，还是你有着伟大的梦想？如果你总是认为学习是一件无奈的事，那你又怎么可能投入全部的热情学习呢？因此，你不妨重新考虑一下自己学习的目的，真的是为了他人吗？

2.坚持你的学习计划

一直以来，学习都不是一件很轻松愉快的事情，也不是一朝一夕一蹴而就的事情，它必须付出艰苦的劳动。在你的思想上，不要把学习看作一种负担、一种包袱和苦差事，学习是一种追求、兴趣、责任，一种愿望，学知识是为人生更快乐，更有滋味，更有激情。

总之，你需要明白的是，学习过程中，你才是学习的主人，你应该将自己

的全部感官都调动起来，然后积极地参与到学习中，自己去看书、去思考、去发现问题、分析问题、解决问题。从而掌握自主学习的方法，探索知识的规律。

"知"与"行"统一，将学习运用到实践中

古人云："读万卷书，行万里路""纸上得来终觉浅，绝知此事要躬行"。古人早就认识到通过亲自参加实践活动而得到知识的重要性，"知"与"行"统一起来才是真正的学习。对于青少年阶段的男孩来说，社会才是人生真正的战场，才能历练出一个真正成熟的人。事实上，人类社会发展到今天，是否拥有动手能力和创新精神已成为一种判定人才的标准，这更是一种时代精神。

可遗憾的是，由于受应试教育的影响，很多男孩只顾着应付书本学习和各种考试，他们不愿涉足生活，长年累月习惯躲在教室和家中攻克书山题海，结果让自己成了"书虫"，与社会脱节。疗救的妙方即少读"死书"，多读"活书"，要善于在生活实践中学习和运用知识，锻炼能力，培养创新精神和创造才能。

的确，即使你的学习成绩再好，如果你没有动手能力，那么，你也只能如襁褓中的婴儿一样需要他人为你遮风挡雨。将理论知识运用到实践当中，那么，你获得的不仅是知识，还有能力。

作为新时代未来接班人的男孩们，你们也应该注意在学习的时候，将理论与实践结合起来，这样的学习才是智慧的学习。因为人总是要走向社会的。人最重要的是能在社会上创造有利于人类的价值。因此，任何书本知识最终都要运用到社会实践中才能产生直接效用。具体说来，要想把学习运用到实践中，你需要做到：

1.不要把眼光局限于成绩上

当前一些孩子因为长时间受到父母影响，片面地被教育"我们什么都不要你做，你把书读好就行了"而导致人格与思维上的发展受到局限。

因此，青少年阶段的男孩们，你应该告诉自己要成为一个有远见和理想的人，多关注社会、国家，你的思维也就能慢慢变得开阔起来。

2.不要把眼光局限在学校中

当然，要培养自己的实践能力，就不能把眼光局限在学校中。哈佛大学的一位专家也指出：学校里学的东西是十分有限的，在工作和生活中所需要的相当多的知识与技能，完全要靠我们在实践中边学边摸索。社会是更大的一本书，需要经常不断地去翻阅。

3.从身边的小事开始参与实践活动

你可以完成适当的家务，如打扫卫生、洗碗、清理房间等，还应该多参加社会实践，如卖报纸、农村生活体验、夏令营、与农村孩子交朋友等形式的活动。

的确，思维和现实之间的差距就在实践，再美好的思维理想，如若不付诸行动，也如痴人说梦。这一点，应该落实到生活的细节上。只有体会到实施的难度，才能检验思维的成熟度。总之，作为新时代未来接班人的你们，也应该注意在学习的时候，将理论与实践结合起来，这样的学习才是智慧的学习。

第12章

行动能力
——好男孩用行动说话，不找借口

人们常说："勤奋源于执着，永不放弃，永不松懈。"的确，一个人若希望获取成功，就必须付出努力，这是不变的真理。懂得重视时间，抓紧一分一秒争取竞争的主动权。学会充分利用每一天的时间，能够使我们有限的生命结出更加丰硕的果实。而尚处于人生初始阶段的男孩们，你可能认为，我年纪还小，还有大把的时间挥霍。而实际上，人生短短数十载，是否拥有立即执行的行动力，直接影响到你的一生。也许你认为可以明天再努力，但没有比今天更重要的日子，你生活在今天，就要做好今天的事，抓住现在，每天进步1%，你就离成功近了一步。

今日事今日毕，每天进步一点点

作业明天再写吧。

人的一生，短短几十载，生命是有限的。如果我们浪费时间，工作和生活总是被那些琐碎的、毫无意义的事情所占据，那么我们就没有精力去做真正重要的事情了。世界上有很多人埋头苦干，却成就一般，如果他们充分利用了自己的时间和精力，绝对可以做出更有价值的事情来。

尚处于青少年阶段的男孩们，你同样要记住的是，作为一名男子汉，行动力十分重要，无论是生活还是学习，大事还是小事，凡是应该立即去做的事情，就应该立即行动，决不能拖延，要尽全力日事日清。的确，我们的一生中，有很多个明天，但如果把什么都放在明天做，那明天呢？明天的明天呢？有句话说得好，"活在当下"，明天属于未来，我们只有把握好现在，才能决定明天的生活。

男孩们，你有过这样的经验吗？你在上学时会不会拖到最后时刻才交作业？或者经常等到快考试时才马不停蹄地"开夜车"复习功课？几乎每个人都清楚地知道，拖延是不好的习惯，可是，你是否真正思考过，多年来拖延为你带来了多大的损失？

任何事，今日不清，必然积累。就比如一根稻草，千万别看轻它，一根不起眼，但当一根根稻草堆成了山，再强壮的骆驼也会被压死。

实际上，拖延并非人的本性，它是一种恶习，一种可以得到改善的坏习惯。这个坏习惯，并不能使问题消失或者使解决问题变得容易起来，而只会制造问题，给工作造成严重的危害。成功者从不拖延，而他们中的大多数人只是发挥了本身潜在能力的极少部分，因为他们对工作的态度是立即执行，所以把握了成功。那么，为什么我们还要逃避现实，还要忍受拖延造成的痛苦呢？

的确，你要明白，无论是谁，每天都有24小时。比起时间长河，人的一生是那样短暂。你只有抓紧每天的时间学习，才不会让人生虚度，对此，你可以这样做：

1.拟订每天的学习计划，并坚决完成

你可以每天睡前拟订一份关于第二天要学习内容的计划，分为最重要的、其次的、不重要的，当你感觉好的时候，先完成最重要的，然后依次完成其他。做任何事都需要有心思，心不在焉，效率不好，无所谓充分利用时间。

2.以较小的时间单位办事

这样有利于充分安排和利用每一点点时间，一时节约的时间和精力或许不多，但长期积累，可节约大量的时间。许多科学家、企业家、政治家办事常以小时、分钟为单位，而一般人常以天为时间单位。

3.多限时

人的心理很微妙，一旦知道时间很充足，注意力就会下降，效率也会跟着降低；一旦知道必须在什么时间里完成某事，就会自觉努力，使效率大大提高。所以，男孩们，你可以充分发挥自己的潜力，多给自己限时办事或者学习。

因此，从现在开始，你用"立即执行"的好习惯取代"拖延"，这样，你就能不断积累知识。并且，马上行动可以应用在人生的每一阶段，帮助你做自己应该做却不想做的事情。对不愉快的工作不再拖延，抓住稍纵即逝的宝贵时机，实现梦想。

第12章
行动能力——好男孩用行动说话，不找借口

瞻前顾后，只会延误时机

生活中，我们常常需要作抉择——实行或者不实行，我们总是试图通过最精确的思维，获得我们最想要的结果。但实际上，很多时候，正是因为我们过多的思考，而导致了我们瞻前顾后，不敢行动，成功的机会也就在"做"与"不做"之间流失了。留下的也只有遗憾。

同样，对于尚处于青少年阶段的男孩们来说，你的社会经验和人生阅历都不足，在作抉择时也会常常因恐惧失败而左思右量，但千万记住，不要延误时机，否则只会让你永在人后。的确，有时候，思虑周全并不为过，但千万不能瞻前顾后。所谓不要瞻前顾后，就是不要考虑别人如何评价我们，如何看待我们，我们能得到什么回报，得到什么奖励、表扬、荣誉。别人的评价是在我们的行动之后，而不可能在我们的行动之前或同时；而且是在我们做过之后很久很久，才会有客观的、中肯的评价。那些及时的、同时的表扬和奖励都是安排

的和鼓励性质的，不是真正客观的准确的评价。

《聊斋志异》中有这样一则故事：

两个调皮的牧童进了深山，看到一个狼窝，发现了两只小狼崽。他们准备带走这两只小狼崽，老狼看到后，心急如焚，就准备抢回小狼崽。

聪明的牧童，瞬间就抱着小狼崽分别爬上大树，两树相距数十步。老狼在树下准备救狼崽，但却发现两只狼崽被放在不同的树上。

此时，一个牧童在树上掐小狼的耳朵，弄得小狼嗷叫连天，老狼闻声奔来，气急败坏地在树下乱抓乱咬。而另一棵树上的牧童拧小狼的腿，这只小狼也连声嗷叫，老狼又闻声赶去，就这样，老狼不停地奔波于两树之间，终于累得气绝身亡。

这只狼之所以累死，原因就在于它企图救回自己的两只狼崽，一只都不想放弃。实际上，只要它守住其中一棵树，用不了多久就能至少救回一只。

我们没有理由说狼很笨。有时人比狼都笨。古人讲："用兵之害，犹豫最大；三军之灾，生于狐疑。"就是这个道理。

成功学创始人拿破仑·希尔说："生活如同一盘棋，你的对手是时间，假如你行动前犹豫不决，或拖延地行动，你将因时间过长而痛失这盘棋，你的对手是不容许你犹豫不决的！"

那么，如果你有瞻前顾后的习惯，该怎么克服呢？

1.采用稳健的决策方式

有时候，你的大脑可能一个劲地陷入哪个好哪个坏的争论之中，事实上没有这个必要，只要没有明确的二者择一的必要，就不必太早决策。

2.要养成独立思考的习惯

不能独立思考，总是人云亦云，缺乏主见的人，是不可能作出正确决策的。如果不能有效运用自己的独立思考能力，随时随地因为别人的观点而否定自己的计划，将会使自己的决策很容易出现失误。

3.坚决按照某种原则执行

利与弊往往是事情的一体两面，很难分割。有的人明明事先已经编制了能有效抵御风险的决策纪律，但是一旦现实中的风险牵涉到自己的切身利益时，往往就不容易下决心执行了。

的确，你需要明白的是，培养自己的执行力极为重要，因为机会稍纵即逝，并没有足够的时间让我们去反复思考，反而要求我们当机立断，迅速决策。如果我们犹豫不决，就会两手空空，一无所获。

戒除拖延症，提升行动力

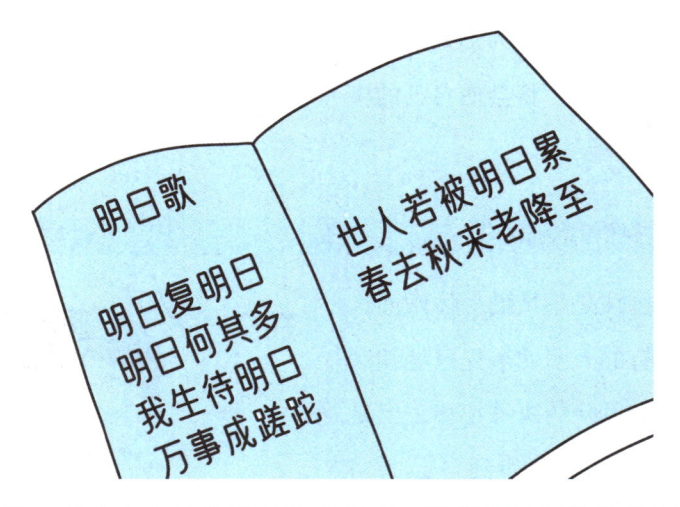

明日歌

明日复明日
明日何其多
我生待明日
万事成蹉跎

世人若被明日累
春去秋来老降至

我们都知道，成功人士的优秀品质有很多，而做事绝不拖延肯定是其最重要的品质之一，对于处于青少年阶段的男孩来说，这个阶段正是形成良好品质和能力的重要时段，你要想在日后有所作为，也必须从现在开始就养成立即执行的习惯。

其实，绝不拖延首先是一个态度问题，只要你坚持采用这种态度，久而久之就形成了一种习惯，最后，这种习惯会融入你的生命，成为展现你个人魅力的优秀品质。正如持续改善的正面力量一样，拖延的反面力量同样强大。每天进步一点点，持之以恒，水滴石穿，你也必将能成就自我。而每天拖延一点点，你的惰性会越来越大，长久下去，你将跌入万劫不复的深渊。明代大学士文嘉曾写过一首著名的《明日歌》："明日复明日，明日何其多，我生待明日，万事成蹉跎。世人若被明日累，春去秋来老将至……"这正是对做事拖延的真实写照。

男孩们，你不妨想象一下，在考场上，面对题目繁杂的试卷，你能够拖延吗？时间就是分数！你的拖延很可能使自己无法按时答完试卷。慌忙之中，你乱了阵脚，看错题，来不及做题，思路混乱，不能发挥自己的正常水平。由此可见，拖延的坏毛病是绝对要不得的！

而实际上，生活中，你可以发现，每天还是有那么多的人在浪费着自己的生命。伍迪·艾伦说过："生活中90％的时间只是在混日子。大多数人的生活层次只停留在为吃饭而吃，为搭公车而搭，为工作而工作，为回家而回家。他们从一个地方逛到另一个地方，使本来应该尽快做的事情一拖再拖。"的确，在我们周围有很多人，也包括自己，在做事的过程中，因各种事由形成了拖延的消极心态。它就像瘟疫一样毒害着我们的灵魂，影响和消磨着我们的意志和进取心，阻碍了我们正常潜能的开掘，到头来一事无成，终生后悔。

那么，该怎样克服拖延的坏习惯呢？以下几点可供我们参考：

1.找到拖延的原因

很多男孩迟迟不敢动手，是因为害怕失败，如果是这一原因，那么，你就应强迫自己做，假想这事就非做不可，这样你终会惊讶事情竟然做好了；做好计划，要求自己严格地按计划办事。

2.坚持到最后，找到成就感

总之，如果你想成功或成为你理想中的人，最好的办法是这样：绝不拖延，立即行动！光"说"不"练"肯定不行，这就要求我们平时就要养成立即行动的习惯；一旦发生了紧急事件，或者当机会来临

时，能作出迅速的反应。同时，当我们对事情有想法时，一定要设定完成期限，并告诫自己期限是无法变更的，这样一来，你就没有再拖延的借口。

第13章

判断能力
——敏捷的判断力是聪明男孩的必备能力

我们都知道,每个男孩最终都要进入社会,都要独立承担突如其来的各种问题。这就需要你们具备一定的判断能力。专家建议,男孩们在成长过程中要学会有自己的主见和看法,遇事多思考且准确思考、总结经验,以培养准确的判断力。

尽早培养明辨是非的能力

自古以来，中国人就大致把生活中的人分为两类，一类是君子，一类是小人，并常常用"君子坦荡荡，小人长戚戚"来形容二者最为明显的区别。那到底什么是君子，什么是小人呢？关于他们的划分标准有很多，其中，是否正直、坦荡则是最重要的标准之一。当一个正直坦荡、让人尊敬的君子，便成为做人的最高标准。要培养这样的君子，需要我们从小教会孩子明辨是非。

任何一个男孩，在很小的时候，都被父母告知要在未来社会成为一个人人敬佩的君子，但我们也听到一些家长反映：孩子好像学坏了怎么办？尤其是在接触一些社会青年后，他们开始怀疑家长的教育观念。对此，男孩自身一定要有明辨是非的能力，要注重德行的修养，千万不可任由自私自利的思想侵蚀自己，甚至误入歧途，后悔终生。

强强是个很懂事、很善良的孩子，而他善良的性格，是从他很小的时候，爸爸就开始培养的。爸爸告诉他，一个男子汉，一定要明辨是非、刚正不阿、勇于担当，并且，爸爸还经常给他讲一些小故事。

第13章
判断能力——敏捷的判断力是聪明男孩的必备能力

上中学后的强强,在学校里正直是出了名的,只要他看见高年级同学欺负那些低年级同学,他都会主动站出来。在家里,爸爸要是骂妈妈,他也会替妈妈说话。他记得最清楚的一件事是,有一天晚上,他从老师那儿补课回来,看到有几个小混混在后巷打人,他很害怕,但他还是勇敢地报了警,当警察把这些坏人抓起来后,他觉得自己很光荣。因为这件事,强强还被校长表扬了。自打这件事后,强强决定,以后一定要做个正直的人,要敢于指出一些不公义的事。

的确,正直、善良、忠诚的人是高贵的。良好的做人品格是比金钱、权势更有价值的东西,也是成功的最可靠资本。

男孩尽早培养明辨是非的能力,就需要做到:

1.尽早树立正确的是非观念

可能有一些男孩会产生疑问,我现在才十几岁,现下的主要任务是学习,是不是其他事应该充耳不闻。其实不然,我们每个人,都应该在心里树立一杆秤,对于是非黑白,一定要有辨别能力,这是任何一个社会人都应该有的责任心,你也不例外。

要对错误的事情说"不"

因此,尽管现阶段的你还是个孩子,但你也应该学会辨别是非。当你发现有人违背原则,你也应及时制止,把责任心传递给周围的人。

2.匡正自己的言行,培养自己的好习惯

可能有些男孩会说,随着年纪的成长、经历的增多,谁能真正做到不染世

161

俗、一身正气？对此，你要明白，这二者并不冲突。我们要从现在开始，就养成良好的行为习惯，比如：守纪、守信、守法，坚决不骂人、打人、偷东西、毁坏公物、随地大小便、扔垃圾、乱画乱抹、霸道、自私等。不要小看这些行为，日积月累，当你长大后，你就会形成自己一套做事原则，即使饱经世事，但你不会因此变得圆滑、世俗，而是依旧秉持着正直坦荡的做人原则。

3.经常参加一些慈善活动或者助人的社会实践活动，感知别人的疾苦

例如，你可以为教堂义务劳动，或者打扫附近的公园，这类活动都能教会你助人为乐。

因此，男孩们，即使学习忙碌，也要进行适当的生存体验，你要明白世界上还有许多不幸的人需要帮助，这有利于你形成正确的人格和品质。

总的来说，一个能明辨是非的男孩就绝不是一个自私、狭隘的人，这样的男孩才不会活在自己的小世界里，会立志对国家和社会作贡献，长大后才会有出息，这种品质的获得将会对你的一生都大有益处！

第13章
判断能力——敏捷的判断力是聪明男孩的必备能力

机智应对，培养和强化应变能力

生活中，我们总是会遇到这样那样的意外情况，这对于成长期的男孩来说也不例外。因此，男孩必须要从小训练自己的独立应变能力，这样，你才能学会沉着冷静面对突如其来的情况。事实上，任何一个优秀的男孩都有较好的应变能力，应变能力是解决问题的能力的重要方面。优秀的男孩总是能机智应对，顺利找到解决问题的出路。

英国航空公司也曾遇到过一次危机。有一次，一架由伦敦经纽约、华盛顿的英国航班因为机械故障，在纽约被迫降落后被禁飞。乘客对此极为不满，对英国航空公司怨声载道。该公司立即调度班机，将63名旅客送到了目的地。当旅客下机时，英航职员向他们呈递了一份言辞恳切的致歉信，并为他们办理退款手续。尽管英航因此损失了一大笔钱，但起了力挽狂澜的功效，大大弱化了乘客的不满情绪。英航的这一举措被人们广为流传，这不仅未损害反而大大提高了英航的声誉。此后，英航的乘客一直源源不断。

通过机智应对，英航在危机面前得以化被动为主动。这得益于英航面对危

163

机的一种快速反应能力和积极处理问题的能力。

那么，生活中的男孩们，现在我们来假设一下，假如你也遇到这样的情况，你是否也能做到如此镇定、毫不畏惧呢？

那么，男孩们该如何培养自身的应变能力呢？

1.平时就培养稳定的情绪

事实上，处于青少年阶段的男孩，多半是情绪化的，不少男孩在这一问题上做得并不好，他们一遇到问题就牢骚满腹，或者求助于家长，这样做，又怎么能培养出良好的应变能力呢？

因此，首先不管遇到什么情况，你都不要惊慌害怕，只有冷静的头脑才能进行理智的思维，也才能找出解决问题的方法。为此，你不妨做一做深呼吸，然后告诉自己："没什么大不了的，我能搞定。"

2.在日常生活中培养勇气

在合理的范围内，你可以大胆地做自己想做的事，一个敢作敢为的人，才能有勇气、有信心面临突发问题。

值得一提的是，攀爬、蹦跳、奔跑乃至一些竞技类的游戏可以培养你的勇气。当然，活动中安全必须是第一位的。

3.学会如何找到问题的关键点

突发状况的出现，肯定是有环节出了问题。因此，你在冷静下来后，就要重新审视事情的全部过程，找到关键问题，才能有的放矢进行补救。

总的来说，男孩们，你要懂得在某些情境下如何应对才是正确的，在日常生活中遇到突发状况时也不必感到恐惧。

遭遇突发事件，学会及时求助于人

对于男孩来说，很多时候他们比女孩更胆大、勇敢，他们都立志要成为一个不依靠别人的人，这无可厚非，但凡事有例外，在遇到问题的难度已经超过了你的能力范围时，你就应该学会求助于人，这不是软弱，而是一种机智。的确，一个人在遇到突发事件时是否表现得冷静、果敢，也是其是否成熟的一种表现。

2006年2月《环球时报》曾经报道过这样一个故事：

有个小男孩叫萨契利，这天，他的妈妈开车带着他和他仅八个月大的弟弟去另外一个地方。就在某条公路上，不幸的事情发生了。

当时，他的母亲在车上找手机，但因为一时疏忽，车子一下子失控了，汽车的左侧撞到了树上，车窗全都被撞碎，坐在驾驶位置上的妈妈一下子就晕了过去，头上鲜血直流。这时的小萨契利害怕极了，但他还是很快冷静下来，马上爬到车后座，解开弟弟身上的安全带，抱起弟弟从车里爬了出来。

后来，他居然一个人步行了近1公里，敲了3户人家的门。到第三户的时

第13章
判断能力——敏捷的判断力是聪明男孩的必备能力

候，有一个叫南希的人给他开了门。当南希打开家门时，她被眼前的景象惊呆了，一个才1米高的小男孩，光着脚，满脸恐惧，手上抱着一个正在哭泣的婴儿，还没等南希反应过来，男孩冲着她大喊："我妈妈在公路上，求您快去救她。"听完男孩的讲述，南希急忙前去救援。消防人员也随后赶到。男孩妈妈被送往哥伦比亚医疗中心重症监护室。在昏迷了10天后，她终于睁开眼睛说话了。

这个故事的确令人震撼，一个五岁的男孩，还未对社会有全面的认识，怎能有这样的勇气和应变能力？无疑，这种判断能力是通过不断培养和积累获得的。

小萨契利在当时十分冷静，不仅抱起了弟弟，还走了1公里去求助。他毕竟还是孩子，在遇到危险的情况下，他的力量是有限的，此时，求助是最好的方式。而对于生活中的男孩，举个很简单的例子，对那些动手动脚的坏人，你首先应该警告他们，如果他没有"收兵"的意思，你可以向周围群众揭露其丑恶行径，以引起周围群众对坏人的斥责和愤慨，从而得到大家的帮助。如果坏人继续为所欲为，就要马上报警，如果无法报警，就要马上高声呼救。但报警时，要避免离开人群，切勿在街上的电话亭打电话求助，尤其在僻静的路上，以免在电话亭内被坏人抓住。

机智的男孩能做到临危不乱，善于寻找一切方法保护自己。那么，在遇到突发事件时，你该怎么求助于人呢？

1.求助于最近的人

在遇到危险时，最快捷的方式就是求助于身边的人，因为他们能给你提供最直接的帮助。比如，在学校参加体育活动，你受伤了，那么，最简单的方法便是让你的同学把你送到医务室或者医院；如果你

167

优秀男孩必备的10个习惯和9种能力：升级版

的钱包、电话被偷了，你可以求助附近的路人，让他们帮你打个电话回家等。

2.求助你的亲人

有时候，你求助于最近的人，但对方不一定会为你提供帮助，但你的亲人绝对不会置你于不顾，因此，出了车祸、丢了东西给父母打电话，他们绝对会在第一时间赶到。

3.寻找周围一切可以求助的工具

比如，你溺水了，你大声喊救命，但未必有人听得见。此时，你可以吹口哨、挥舞自己鲜艳颜色的衣服等。

当然，这些都还需要男孩们有一定的社会阅历。毕竟，见过大世面，凡事都能够从宽处、大处着眼，自然能够顺势时不骄，逆势时不馁。当男孩经历了各种各样的事情，有了一定的处事经验，自然也就拥有了出色的判断力与应变能力。

第14章

表达能力
——语言生动，有说服力

现代社会，是否会说话、能否掌握语言的艺术，无论是对于个人发展还是在日常交际中，都显示出了无可替代的重要性。戴尔·卡耐基说："一个人的成功约有15%取决于技术知识，85%取决于口才艺术。"因此，任何一个成长期的男孩，都应该认识到修炼表达能力的重要性，并在日常生活、学习和与人打交道的过程中大胆练习，最终把自己历练成一个说话有说服力的人。

"敢于"当众说话，提升表达力

我们都知道，口才的力量是巨大的，它可以把两个人由陌生变为熟悉，由熟悉变成知己或亲密的朋友；在求人办事的过程中，即使没有门路，优秀的口才也能打开交际之门；它甚至可以达到一句话抵得上千军万马的效果，让你在瞬间提升个人魅力……可以说，当今社会，口才已经成为衡量人才的重要标准。十几岁的男孩们，正处于性格形成阶段的你们更需要训练自己的表达能力。然而，在此之前，你必须让自己自信起来，如果你心存恐惧，那么，你可以通过练习当众说话来激励自己。

恐惧是良好表达的天敌，一个人在"不敢说"的前提下是"说不好"的，唯有卸下恐惧的包袱，在语言中注入自信的力量，你才能成为一个敢于表达的人。

在老师和同学们眼中，小凯是个很自信的男孩，在与别人说话时，他一直落落大方、毫不畏惧，每当有人问起"你为什么这么自信"时，小凯都要讲起小时候的故事——从小到大，父母都特别宠爱他，然而，小凯也一直很内向，家里来了亲戚，他都会躲起来；他一在生人面前说话就脸红。后来，为了帮助儿子克服恐惧，父母鼓励小凯经常在众人面前说话，比如参加社区的少儿才艺比赛，上课时积极发言。说来也奇怪，过了一段时间后，小凯好像变得自信多了，而现在的小凯已经成人了，在一家知名的文化单位找到了满意的工作，他已经是个特别自信、特别阳光、性格开朗、人缘关系好的男孩。

这里，我们看到了一个害羞的男孩通过练习当众说话逐渐变得健谈、自信起来。可见，练习当众说话是消除表达恐惧的一个重要方法。

可能有些男孩会说，我一在众人面前说话就紧张，该怎么克服呢？对此，你可以做到以下几点：

1.积极暗示，进而淡化心理压力

你不妨以林肯、丘吉尔这些成功的演讲者为榜样，他们的第一次当众演讲都是因紧张而以失败告终的，你要在心里进行自我暗示：紧张心理的产生是必然的，也是不能避免的，我不该害怕，我只要做到认真说话，就一定能说好。抱着这样的心理，你的紧张心理会慢慢缓解下来。

2.事先应做好充分准备

准备充分，自然能自信上场。也就是说，在你开口前，你要想好自己到底要表达什么，怎样才能表达好，做好这几方面的准备，就没什么可担心的了。

3. "漠视"听众，不要患得患失

法拉第不仅是英国著名的物理学家和化学家，也是著名的演说家。他在演讲方面取得的成功，曾使无数青年演讲者钦佩不已。当人们问及法拉第演讲成功的秘诀时，法拉第说："他们（指听众）一无所知。"

当然，这里法拉第并没有贬低和愚弄听众的意思。他说这句话是要告诉我们，建立信心，才能成功表达。

事实上，可能很多男孩在当众说话时，都过多地考虑了听者的感受，害怕听者能听出自己的小失误。其实，你大可不必有这样的想法。因为，在说话时，谁都可能犯点小错误，没有谁会放在心上。再者，即使讲错了，只要你能随机应变，不动声色地及时调整，听者是听不出来的，即使有人听了出来，也只会暗暗钦佩你的灵活机智，对你会有更高的评价。

总之，任何一个男孩，都要敢于在众人面前说话，并经常练习当众说话，唯有这样，才能不断消除表达时的恐惧，成为一个会说话、会表达的人。

言不在多，字字珠玑

在生活中，你仔细观察就会发现，有的人说话言简意赅，句句说到点子上，能击中问题的要害，很快营造强大的气场，吸引他人的注意。而有的人尽管表达了很多，但是让人听着云里雾里，他们的话不断地打擦边球，根本没有涉及核心问题，被人轻视。事实上，不是他们的态度上有差异，而是因为他们的表达能力不一样。会表达的人往往能做到语言凝练、字字珠玑、绝不啰唆重复。

说话时，你只有做到轻重缓慢适宜，吐字清晰有力才能使语意分明，声音色彩丰富，语气生动活泼，语言中心突出，从而引起听者的注意，引导听者的思路，易于被人理解和接受。

每一个青少年阶段的男孩们在修炼自己表达能力的同时也要注意这一点，为此，你需要从以下三个方面努力：

1.了解你要表达的中心、重心、要点

任何问题都有中心和重点,找到了这个中心和重点之后,说话的时候才能有的放矢,才能清楚什么话该说,什么话不该说。所以,迅速找准谈论的中心是言简意赅的前提和基础。否则,眉毛胡子一把抓,只能惹人厌烦。

2.懂得表达,语言表达清晰、稳重、不啰唆

交谈中,语言表达的轻重缓急也是很有讲究的,该让对方听清的地方就要缓一些,不重要的信息就可以一句带过。如果张口结舌或连珠炮似地大讲一通,对方就会感到一种急迫感,从而心生不信任。

要想说话不啰唆,其实只需捡重点说就行,其他次要的内容,要么不提,要么一言以蔽之,只有这样才能保证你的发言在最短的时间之内收到最好的效果,否则,即使你滔滔不绝地谈论半天,听者还是不明白你发言的目的。

当然,要想使你的表达清晰,你还需要做到:

(1)控制语速

运用恰当的语速说话,是控制语调的主要技巧。在需要快说时,语速流畅,不急促,使人听得明白;在需要慢说时,不能拖沓,要声声入耳。语速徐疾、快慢有节,才能使言语富于节奏感。听者处在良好的倾听环境里,才能不疲劳,并且增强语言的感染力。

（2）发音正确、清晰、优美

以声音为主要物质手段的语音的要求很高，既要能准确地表达出丰富多彩的思想感情，又要悦耳爽心，清澈优美。为此，你必须认真对语音进行研究，努力使自己的声音达到最佳状态。

（3）注重演讲节奏

除了语速，演讲的节奏也是关系成败的一个重要因素。人们在说话、朗读和演讲中，速度的快与慢、情绪的张与弛、语调的起与伏、音量的轻与重等，变化对比，就形成了节奏。节奏在口语中起着重要作用。

3.适时沉默

任何沟通都是双向的。赢得人心需要一个好口才，但决不可卖弄口才。有些人总希望用出色的口才让对方产生信任感，但却忽略了一点，那就是，人们通常会以为那些巧舌如簧、太能说的人是不值得信任的。因而，我们在与对方交谈中不仅要有度地表现，还需要巧妙地沉默。

当然，你若希望自己在人际交往中能做到语言有震慑力，攻破他人心防，那么，你最好在日常生活中就锻炼自己的说话能力，毕竟，世上无难事，只怕有心人。平日里多注意，多锻炼，你说话定可以达到言简意赅、字字珠玑，一出口就能击中要害的程度。因此，加强持久的练习是手段。具体来说，你可以通过辩论赛、讨论会以及多参加演讲的方式来练习。

适时委婉表达，男孩说话不必直来直去

我们都知道，人们之间的交往交流离不开语言，相互交流沟通的成功，很大程度上取决于运用语言的艺术。但并不是所有人都能掌握这门艺术。对于那些我们不便直言的问题，如拒绝别人、指责对方等，如果不顾对方感受和情绪，把自己的想法强加给别人，不仅起不到我们预想的效果，还会恶化彼此之间的关系。此时，我们不妨尝试一下旁敲侧击的方式，委婉地暗示对方，对方接受起来也轻松得多。

不可否认的是，直来直去是很多青少年阶段的男孩们的说话方式，他们认为拐弯抹角是不坦诚的表现，而实际上，表达的最终目的是让对方接受你的观点，有时候直接表达会伤害他人的感情、让他人产生逆反情绪等。所以，在修炼你的表达能力这一方面，你必须要懂得如何运用轻松的方式来陈述观点。

有一个年轻人去拜访苏格拉底，向他求教演讲术，苏格拉底刚开口没说几句话，这位年轻人不但不认真听，反而打断老师的话，自己滔滔不绝讲了许多

话，以显示自己的才能。苏格拉底说："我可以教你演讲，但必须收双倍的学费"。年轻人问："为什么要双倍呢？"苏格拉底说："要教你两门课，除演讲外，还要上一门课：怎样闭嘴听别人说话。"

从苏格拉底这段话里，我们能看出两层意思，在诉说之前一定要倾听，倾听是诉说的前提；同时，他在表达自己观点的时候，并没有直接指出，而是采取委婉暗示的方法，这样既指出了年轻人应该改正的缺点，又不至于让年轻人失了面子。因此，这名年轻人，应当能正确会意，了解苏格拉底的"苦心"。

的确，很多时候，出于各种原因，我们会驳别人的面子，这种事情如处理不当，轻则伤害对方，让对方难以接受，疏远彼此间的关系，重则得罪人，结仇家。因此，你必须要学会旁敲侧击，既表达了自己的意思，又让对方轻松接受。利用话里藏话暗示他人，是时刻离不开的表达技巧。

但选用这种表达方式，你还必须掌握三个基本功：

1.会把握局势

首先是要听出对方的话中话，然后加以揣摩，其中观察的能力很重要。毕竟，生活中，很多人都喜欢用隐晦的语言、含沙射影地表达自己的弦外之音。再者，你必须学会掌控交际局势，要让对方接受你的暗示，你就必须得站在有理的一边。

2.委婉含蓄地表达自己

话说既要艺术，又要让听话之人心领神会，明白你话中的锋芒所在。无论你遇到的是针对你的敌人还是帮助你的友人，你都必须具备会暗示和说话含蓄的能力。

3.尽量在善意的氛围中旁敲侧击

有些人虽然接受了你的委婉暗示，但却是在逼不得已的情况下接受的，这种人一般会和我们"老死不相往来"，这不是你的最终目的，为此，你要懂得不伤感情地、在善意的氛围中暗示对方，让他既能接受，还感激你"口下留情"。

男孩们，与人交谈时，当需要开口时不能开口，你就可以采用委婉暗示的方式来表达你的想法，这是必备的表达技巧。

当然，旁敲侧击的目的是调动潜意识的力量，因此，暗示的语言首先要精炼，不能用复杂的语言进行描述，因为人的潜意识一般不懂得逻辑，喜欢直来直去。其次，一定要使用积极、肯定的语言，用肯定句进行暗示，尤其是在批评对方的时候，消极的语言暗示恐怕只会适得其反。

第15章

沟通能力
——好口才是优秀男孩的必备能力

我们都知道，人际交往，并非单纯与人说话交流，更多的是一种技巧性的沟通。所谓沟通，就是要重视双方意见的传达，而不是一种单向的语言活动。因此，每一个男孩，在修炼自己的沟通能力的同时，都应该学会从对方的心理角度考虑问题，这样才能进行有效的沟通。

沟通中将说话的主动权交给对方

生活中，人们处处需要沟通，对于青少年阶段的男孩也是如此，学习中需要与老师、同学沟通，生活中需要与父母、朋友沟通。具备良好的沟通能力，才能让他人接受你的观点。

然而，在与人沟通这一问题上，可能你会存在一个心理误区，即以为说得多就是有口才的表现。我们不难发现，我们周围也有很多人喜欢表现自己的口才。为了使他人接受自己的观点，他们总爱侃侃而谈，甚至口若悬河。殊不知，无休止的话只会让别人反感。事实上，我们真正要做的，是尽可能多地让对方说，给对方创造说话的机会，把自己变成以听为主的听众，给发话者以呼应，或赞成，助其深入；或反对，让他告诉你他认为什么是正确的，这样才是真正把握了话语主动权。

因此，青少年男孩们，你们需要明白，与人沟通的过程中，让对方多说话，并不会让我们丧失交流的机会，反而会有助于你达到沟通目的。

关于如何更好地鼓励对方多说，以把握沟通的主动权，有如下一些技巧：

1.集中注意力，用心地听

听人说话是一门大学问，有的人经常被别人说成"左耳朵进，右耳朵出"，听话总是记不住。其实，一般人在听别人说话的时候，基本上能记住一半的内容就已经不错了。

造成效果这么差的原因有两点：一是因为听者的思考速度比说者的讲话速度快，因此有许多空闲的时间胡思乱想；二是当说者的论点与自己的观点不同时，后者就很难再听下去了。

为避免倾听效果不良，除了集中注意力用心听之外，最好的方法是：备妥纸与笔，记笔记。把谈话重点一一记下来之后，就不会忘记了。

2.发问

对方说话时，原则上不要去打断，但适时的发问，有时比一味地点头更为有效。一个好的听者既不怕承认自己的无知，也不怕向说者发问，因为他知道这样不但会帮说者理出头绪，而且会使谈话更具体生动。

可以提些诸如"你认为这就是问题所在……""你的意思是……""你能说得明白一些吗"等问题。这些提问有助于你获得更多信息，并理解问题的各个方面。

3.中立

像"嗯"和"真有意思"等中性评价性语言能表示你对谈话感兴趣,并鼓励对方继续说下去。这是最难的技巧之一,因为这要求你真正跟上对方谈话的主题。

4.重复

"按我的理解,你的计划是……""你是说……"及"所以你认为……"等句式可以表明你在倾听,并明白对方的意思。重复的重要性在于让你尽早发现有无曲解对方。

5.总结

试着用"你的主要意思是……"和"如果我的理解没错的话,你认为……"等说法。不要第一个下结论,先听他人的结论可能更有价值。

掌握以上几点鼓励他人多说话的技巧,相信对方一定会乐意与你沟通。

总之,在沟通中,谁都希望自己做主角,如果你能在沟通中鼓励对方多说,自己当配角,那么,你一定能满足对方的这一心理需求,沟通效果也比你一味地陈述要好得多。

第 15 章
沟通能力——好口才是优秀男孩的必备能力

真诚赞扬别人，会为你赢得好感

生活中，男孩们，可能你经常会听到有些长辈这样夸赞你身边的朋友或同学："这孩子嘴巴真甜。"那么，他肯定就是个善于赞美他人的人。的确，人们都爱听好话，因为人们都有"被认可""被肯定"的心理需求。然而，只有那些真诚的、发自内心的赞美，人们才乐意接受。因为同样，在潜意识里，每个人都会对别人说的话作出分析和判断。很多时候，当一个人的好话说得非常离谱、虚假，人们便会产生厌恶的情绪。

为此，男孩们，当你在赞美他人时，也一定要谨记真诚这一原则。

心理学专家曾经做过这样一个心理学的实验：让两个人分别去赞美一个舞蹈跳得很好，但是却意外摔倒的姑娘。第一个人走上前去，一边笑一边说："你的舞蹈太完美了。"第二个人走过去，拍了拍姑娘的肩膀，说了句"你很棒"。姑娘对第一个人的赞美，表现出非常厌恶的情绪，狠狠地瞪了他一眼，而望着第二个人感激地说了声"谢谢。"

两个人同样是去表达赞美，为什么第一个人遭到了白眼，而第二个人却得到了感谢呢？对于这种现象，心理学专家作出了解释：人对外界的反应有一个基本的是非判断。人们对于友善的表情和动作，同样会作出友善的迎合，继而换来更大的友善，对于不友善的情绪，则同样给予敌意，以确保自己的安全。

那么，究竟如何才能让你的赞美表现得真诚些呢？

1.赞美前要多了解对方

赞美别人的时候要提前多了解别人，这样你才能把赞美的话说到点子上。例如你才与对方结识，并不知道对方的情况，就对对方说："一看你，就知道你是个学习成绩很好的人。"而实际上，对方的成绩一直不理想，那么，你的赞美自然会被当成耳边风。

2.适当和对方进行眼神交流

在交流时，别人会通过你的眼神来甄别真伪。不要逃避和他人眼神碰触，也不要眼神飘忽，更不要望着天花板和地，因为这些反应会让人感觉你在说谎。你的眼神要多往右上角凝聚，因为人在表达真诚的时候，往往眼神会往右上角转移。这样，别人会感受到你的真诚。

3.言辞表达一定要恳切一些

要想表达真诚，最主要的还是在言辞上，要诚恳一些、热烈一些。用你内心迸发的热情来感染对方的情绪。比如：在赞美别人的优秀表现时，你要说："你真是太棒了！"在"太"字上还要加重语气语调，让你浓浓的敬佩之情，通过你热烈的表达传递到对方的心里。

总之，你需要记住的是，在表达赞美的时候，尽量表达得真诚一些，会为你赢得好感。

欣然接受他人的批评和指正

> 为什么他总是挑我毛病？是我哪里做得不够好吗？

生活中，我们每个人，尤其是处于成长期、知识与经验尚浅的男孩们，更有可能会出现行为和言语上的不当之处，可能会被他人批评和指正，此时，你应该怎么做呢？

一代明君唐太宗李世明说过："以铜为镜，可以正衣冠；以古为镜，可以知兴替；以人为镜，可以明得失。"贞观之治乃至大唐盛世的出现，可以说是因为唐太宗听得进去宰相魏征的逆耳忠言。但同时，中国历史上，能虚心接受批评的帝王将相并不多，正因为如此，他们常亲小人远贤臣，最终被小人推进火坑，落得凄惨悲凉的下场。可见，"批评是一门艺术，然而接受批评更是一种气魄"这句话的正确性。

处于成长期的男孩们，更要明白一个道理，虚心接受别人的批评和建议，不仅能帮助你不断完善自己，少走很多弯路，还能让你在沟通中畅通无阻。

可能你在生活中也曾遇到了一些批评你的人，你也会产生这样的想法：他怎么老是看我不顺眼？这个人真是讨厌，处处跟我作对。你甚至会对其恨之入骨。而实际上，你细想过没，其实，你的确存在很多需要改进的地方，比如，你的学习方法是不是真的有问题？你待人处世的态度是不是需要改进？为什么你交不到知心的朋友等。

其实，你可能没有意识到的是，你之所以听不进去他人意见，是因为你有一个弱点，你认为一旦接受了别人的批评就等于服从他人，就没了面子，而实际上，欣然地接受别人的批评，不仅能帮助我们成长、弥补自身不足，更能树立我们在他人心中谦逊的形象，从而拉近人际间的关系。

比如，被老师批评了，你首先必须要有一个良好的认错态度，能认识到自己的过错，在此基础上，你要虚心接受老师的"调教"。欣然接受老师的指教，不仅能帮助你改正学习上的一些不足，还能获得老师的好感，这对于师生关系的改善非常有帮助。

可见，如果你能听进去别人的批评，然后能从自身找问题，发现了自己的不足之处，积极地虚心接受和改正，并不断地完善自己，这将会是你一生中宝贵的财富，其价值远远超过了对方批评你时直接的说话方式，或者说伤害到你的感受或自尊的程度。

总之，对于成长期的你来说，你需要认识到的是，在你的成长过程中，有人批评甚至咒骂并非坏事，有人这样对你，至少说明你是个有价值的人。

所以，当别人批评你时，你千万不要为此不悦，相反，你应该欣然接受，他无偿告诉了你，你现在正处于什么样的位置，你应该怎么做才能更好。很多人都不愿意接受别人的批评，或者不敢面对别人的批评。其实，有了这些批评，你的进步会更快，你更能认识了解自己。对于这样的一个收获，你应该向批评我们的人表示感谢！从这个角度想，你会意识到是他让你从迷惘中醒悟，然后你便可以重新认识自我、审视自我。那么对方也会对你刮目相看，你的人际关系也会更加和谐！

第16章

情绪管理能力
——优秀男孩不随意发泄情绪

生活中，我们任何人都有情绪，包括喜怒哀乐，成长期的男孩也是，一些男孩，到了十几岁以后，因为独立意识的增强，他们的情绪表现更为明显，但作为男孩，无论如何，要想成为一个成熟的男人，就要善于克制自己的情绪、提升自己的情绪管理能力，同时也要理解父母、理解他人，如此，你便少了烦恼，多了快乐。

心平气和，别总和父母对着干

这天，学校家长会上，几个男孩的母亲谈到儿子的教育问题。

"哎！孩子小学时很懂事乖巧，叫他做什么就做什么，自从上了初中后就跟变了一个人似的，老说我唠叨，多说一句就厌烦我，摔门而走。这段时间他总是把自己关在屋子里，把门锁上，不知道弄些什么。星期天还没吃早饭，他就被几个男男女女的同学叫走了，问去干什么了，也不说。我为他做了这么多，还不领情。"这位妈妈叹了口气。

"儿子都长大了，听不进去话了，这也正常啊。再长大一点，就会明白的。"旁边一位母亲安慰道。

不得不说，很多男孩到了十几岁以后，身体里叛逆的因子就开始活跃起来，都觉得父母很唠叨，总是在耳边说个没完没了的，于是，他们喜欢跟父母唱反调。但作为儿子的你是否想过，虽然唠叨是烦了点，可是父母这都是出于对孩子的关心，对于他们的唠叨作为子女的你也应该理解，为他们着想，然后采取一个正确的、适当的方式和父母进行沟通。如果你连父母对你的真心尚无法去公正地判断，而误解了他们的意图，那么这是缺乏孝心的表现。和父母相处，可以从以下几点做起。

1.和父母做朋友

其实，你不妨和父母做朋友，不要总是羡慕别人有开明的父母，要和父母交朋友也并不是一件难事。

想和父母做朋友，首先要做的就是把自己的心态调整一下。或许在你内心当中，父母就是父母，就是你的领导，其实不然，只是你平时少跟家人沟通，彼此间其实并不了解，所以你会觉得有点陌生，而不敢和父母沟通。放开自己的心，不管如何，父母始终还是父母，再怎么样也不会伤害你，如果对自己没有信心的话，可以先找一些无聊的事情和父母说一下，比方说今天天气很好、心情也好等，观察一下父母的态度再决定是否要和父母说重要的事。但是你要先把自己的想法改变一下。

实践证明，父母儿女之间选择做朋友更能促进家庭关系的融洽，也更能达到青春期男孩健康成长的目的！

2.多沟通

当你和父母产生意见的分歧时，尽量控制好自己的情绪，不激化矛盾，试着换位思考。有些时候父母处理事情的方式的确不太正确，但从父母的角度考虑的话，你就会发现他们做这一切的出发点都

是为了你好，这世上，只有父母对儿女的关心帮助是不求任何回报的，想到这些，你自然也就能理解父母的苦心了。

3.用行动告诉父母你长大了

你要在行动上证明，你已经能独立生活和思考，让父母发现你长大了，这样，他们也就能放开双手，让你独立行走，并且以朋友的身份平等地和你交流想法。

所以，男孩们，你要明白，你今天的努力是为自己走进社会积累知识资本，你的努力与父母的期望是一致的。有话和父母交流，也可以劝父母停止唠叨，坐下来交交心，要尊重父母，互相理解，心平气和地平等交流。让父母可以为你少操心，父母就很知足了，和睦的家庭，是帮助你提高学习质量的重要因素！

第16章 情绪管理能力——优秀男孩不随意发泄情绪

无论如何，别用乱发脾气来宣泄你的情绪

一天，平时工作就非常忙碌的杨太太被儿子老师的一个电话叫到学校，原来是儿子在学校闯祸了，可是令她不解的是，儿子一直很乖，连和人大声说句话都不敢，怎么会闯祸呢？

她匆匆忙忙赶到学校，才问清楚情况：原来是班上有些男生挑事，说杨太太的儿子小强是"胆小鬼"。老师告诉杨太太，班上传言，小强喜欢某个女生，但一直不敢说，这些男生知道后，就拿这件事嘲笑小强。而小强则因为这件事很生气，于是大打出手，体型高大的他把这几个男生都打得鼻青脸肿。

"我的孩子怎么了？"杨太太很是不解。

一向乖巧的小强怎么会突然这么容易被激怒而对同学大打出手呢？日常生活中，如果我们被人叫作"胆小鬼"，兴许我们会生气，但绝不会太过情绪激动而做出一些伤人害己的事。

但是，很多男孩到了十几岁以后，就进入了情绪问题多发的青春期，这一阶段，男孩身体的急速成长、学习压力的加大，都让他们产生巨大的心理负

重，此时，他们至少面临着三方面的压力和挑战：一方面，身体正在急剧发育，使他们积蓄了大量能量，容易过度兴奋；另一方面，学习上的任务很重，面对激烈的竞争，心理压力普遍比较大；更重要的是，随着年龄的增长，他们渴望对外部社会有更多的了解，人际交往也逐渐增多。各种各样的信息纷至沓来，这就使他们需要处理的问题越来越多，越来越复杂。每个男孩的血液里都流淌着亢奋的血液，他们常把什么都挂在脸上，不像成年人那样善于控制或掩饰自己，常常喜怒皆形于色。在与人交往的过程中，一旦产生矛盾，很容易爆发，这也就是为什么很多青少年男孩总爱发脾气。

要控制自己不乱发脾气，你需要做到：

1.发火前长吁三口气

男孩们，你需要告诉自己："发火前长吁三口气"。事实上，很多事情都没有你想象的那么严重。如果不学着控制自己的情绪，任着性子大发脾气，不仅解决不了问题，还会伤了和气。

2.正确地宣泄自己的情绪

这一阶段的男孩是脆弱的、敏感的、容易受伤的，即使是男孩，他们也会悲伤沮丧，此时，不妨哭出声来。你可能会认为，一个坚强的人就应该始终不哭，哭是懦弱的。而事实并不是如此，在过度痛苦和悲伤时，哭也不失为一种排解

不良情绪的有效办法。哭不仅可以释放身体内的毒素，还能释放能量，调整机体平衡。在亲人和挚友面前痛哭，是一种真实感情的爆发，大哭一场，痛苦和悲伤的情绪就减少了许多，心情就会痛快多了。流眼泪并非懦弱的表示。所以男孩你该哭当哭，该笑当笑，但要把握好一个度，否则会走向反面。

总之，男孩们，你要明白，当你十几岁时，处于情绪波动较强的时期，在这个期间，可能你的心理承受能力比较差。但你要认识自己的情绪，并控制自己的情绪，只有这样，你才能保持稳定的心境！

良好的情绪管理能力,是男孩成熟的标志

这天,某初中三年级三班发生了吵架事件。事情的起因就是一件鸡毛蒜皮的事。

"你不知道,他有多差劲,小心眼、成绩差、长相差,甚至是唱歌也差,哎。估计学校里都没人喜欢他。"一群男孩子在讨论某青春时尚的明星,说话的是小刚。

"你说谁差劲呢,你也好不到哪里去,一天除了研究那些无聊的游戏,你还会做什么?"小刚的话被刚刚路过的飞飞刚好听到了,他和小刚的关系一直不好,以为小刚在说自己,于是,不分青红皂白,展开了言语攻击。

"游戏怎么无聊了?你不知道每天有多少人在玩我这个游戏,估计你爸爸也在玩,你品位低下,也别说别人。"小刚自然不肯忍让。

"你为什么扯到我爸爸,你有没有道德?"飞飞生气了。

于是,就这样,你一句我一句的两人吵起来了,要不是同学们及时调解,估计两人还要打架。

第16章
情绪管理能力——优秀男孩不随意发泄情绪

其实，这种事情在学校里经常发生，很多老师都感叹，男孩们怎么一点绅士风度都没有，都不知道礼让吗？

我们知道，一个人是否成熟的标志就是是否能做到控制自己的情绪。十几岁的男孩，你要知道，你已经不是小孩子了，不能高兴了就笑，伤心了就哭，生气了就闹。你必须学会管理自己的情绪，以下是几点情绪管理的建议：

1.应用积极的语言暗示

日常生活中，我们运用语言的情况多半是与人交谈，而其实，语言还有其他很多的功用，其中就包括心理暗示，语言暗示对人的心理乃至行为都有着奇妙的作用。

因此，当你心有不快，想要通过发火的方式来发泄时，你可以通过语言的暗示作用来调整自己，以使自己的不快得到缓解。比如，你的同学做了伤害你的事，你很想找他理论，并将他骂一顿，那么，此时，为了不让事情造成严重的后果，你在冲动前可以告诉自己："千万别做蠢事，发怒是无能的表现。发怒既伤自己，又伤别人，还于事无补。"在这样的一番提醒下，相信你的心情会平复很多。

2.放松、调整自己

当你遇到不快的事时，最好的方法就是到一个无人的地方大喊几声，或者去从事一些体力劳动、去操场锻炼身体，当你的这些心理压力通过身体上的能量转换成汗水以后，你会发现，你的心情会好很

多，气也就顺些了。当你生气的时候，你也可以拿出你的小镜子，看看生气时候的你是多么难看。那么，不如笑笑，苦中作它几次乐，怨恨、愁苦、恼怒也就没有了。

3.自我激励，原谅对方

激励是人们精神活动的动力之一，也是保持心理健康的一种方法。当周围的人让你生气时，你不妨自我激励，告诉自己，如果我原谅他了，我的品质就又提升了一步。这样，自然就压制住了要发火的倾向。

4.创造欢乐法

心绪不佳，烦恼苦闷的人，看周围一切都是暗淡的，看到高兴的事，也笑不起来。这时候如果想办法让自己高兴起来，笑起来，一切烦恼就会丢到九霄云外了。笑不仅能去掉烦恼，而且可以调节精神，促进身体健康。

总之，男孩们，当你学会了管理自己的情绪时，你就逐渐成熟起来了！

第17章

应变能力
——聪明男孩要有灵活的好头脑

我们都知道，每个青少年阶段的男孩，最终都要进入社会，都要独立承担突如其来的各种问题，这就需要你们具备一定的应变能力。为此，你们有必要从现在起，就要做到无论遇到什么事都能沉着冷静、巧妙应对。

机智应对，找到出路

生活中，相信很多男孩都遇到过一些令人头疼的意外问题，此时考验的就是你们的应变能力，要解决意外，就必须找到出路，那些聪明人多半都能做到反应灵敏，机智应对。

一天，司马光和一些小孩们玩捉迷藏。有个小孩不知躲在哪里，看见那有个大缸，便踩着假山想进去。结果一看，里面有水，刚想躲别的地方却脚一滑掉了进去。他大声喊救命，小孩们听到了，有的喊大人救命，有的大哭起来。但是司马光一点也不惊慌，他灵机一动，想出了个好办法，拿起身边的大石头，用尽全身力气，向大水缸砸去。大水缸破了，水流了出来，小孩得救了。这就是流传至今的"司马光砸缸"的故事。这件偶然的事件使小司马光出了名，东京和洛阳有人把这件事画成图画，广泛流传。

这里，司马光为什么能做到急中生智救出同伴？这就是拥有灵活思维的结果。看完这则故事，试想一下，如果你遇到这种情况会怎么做呢？可能你会和故事中的其他孩子一样，要么喊人救命，要么大哭，而只要你冷静下来思考一下，其实就能找到最有效的解决办法——砸缸。

的确，因为思维的力量是巨大的，一个人在遇到问题时是否有较好的应变能力，也是与其思维能力分不开的。善于思维的人总是能机智应对，顺利找到解决问题的出路。

生活中的男孩，你解决突发问题的能力又如何呢？其实要想知道出路并不难，需要你做到：

1.冷静下来，不要乱了阵脚

有时候，你之所以找不到问题的出口，其实在于你的心态。一个冷静的人在遇到问题时通常都能以最快的速度对问题作出回应。一个自乱阵脚的人又怎么可能理智对待问题进而找到出路呢？

因此，我们可以说，一个人的应变能力如何首先取决于他们遇到问题时候的心态。

2.找到问题的关键点

突发状况的出现，肯定是有个环节出了问题。因此，在你冷静下来后，就要重新审视事情的全部过程，找到关键问题，才能有的放矢进行补救。

3.学会从宏观角度把握问题

可能你有过这样的体会：当你演算一道数学题时，挖空大脑也找不到答案，但当你回过头重新看时，你会发现，原来你走得艰辛的一步已经被其他人解决了。如果你只是着眼于手上的事，并一门心思解决，那么，你很可能陷入思维的局限中，而只有从宏观角度把握，才有可能会发现，借助他人的思维成果往往能让自己省去很多烦琐的思维过程。

4.运用多角度思维来解决问题

某些情况下，问题的出现可能是由于我们的思维出现了问题，我们常常会被经验和固有知识蒙蔽。因此，当你发现某种方法行不通时，就应懂得变通，通过变通方法来解决问题。

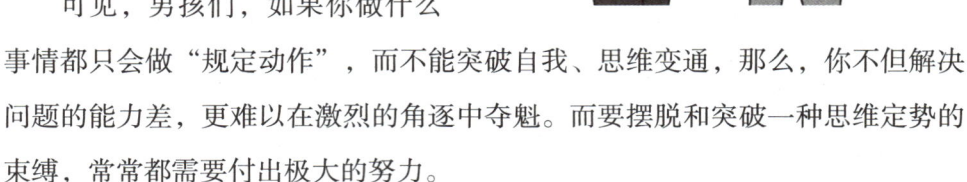

可见，男孩们，如果你做什么事情都只会做"规定动作"，而不能突破自我、思维变通，那么，你不但解决问题的能力差，更难以在激烈的角逐中夺魁。而要摆脱和突破一种思维定势的束缚，常常都需要付出极大的努力。

总之，男孩们在日常生活中要多训练自己的思维能力。思维能力提高了，你的应变能力自然也就会有所提高。

第 17 章
应变能力——聪明男孩要有灵活的好头脑

快速识别他人的刁难，并巧妙避开

生活中，与人交往，我们经常会遇到一些不善之辈，他们会给我们设置一些语言陷阱，此时，我们只有思维敏捷，迅速意识到对方的言外之意，并让自己的思维展开飞翔的翅膀，才能巧妙地避开他人的挑衅，从而从这种矛盾中解脱出来。

青少年阶段的男孩们在训练自己的应变能力时，也应学会如何巧妙避开他人的刁难。当然，做到这一点的方法有很多，你可以选择以下两种：

1.装装傻，让对方放松警惕

有时候，在适当的时候退一步，并不是讲和言败，而是诱"敌"深入，让对方反中我们的"情感计"，从而放松对我们的警惕。

比如，当你的老师批评你而你又不知道如何解释时；当有人向你

203

恶意发难时；当你的朋友向你提出无理要求时；当他人有求于你，而你又无能为力时……这时，你就需要避开别人的直接发难，避开问题的焦点，然后主动示好，对方也不好再继续刁难。

当然，装傻并不是真的要当傻子，而是在特殊时候采取一些特殊的解困方法。事实上，很多时候，面对难堪的问题，如果你能装装傻，反倒能显示出我们的睿智。

比如，转移话题："对了，你知道明明他爸爸一个月挣多少钱吗？"很明显，在同学背后讨论这一问题不大好，对此，你可以这样装糊涂："呵呵，你肯定也不清楚你爸爸一个月到底挣多少，对吧？"

如果你没反应过来，也可以直接拒绝回答，但要注意说话方式："这个我还真不知道。"

甚至，你完全可以顾左右而言他，随便找另外一个话题："我今天居然听到了一个新闻，内容说的是未来几年很有可能取消中考制度。"

另外，你实在回答不上来的时候，就选择沉默吧。淡然一笑，对方自然会觉得自己的问题问得不妥了。

2.幽默回击法，反客为主

当别人对我们恶言相向时，一般人正常的反应就是采用同样的方法回击，但这并非高明的人际互动技巧，最高明的技巧是运用"幽默反击术"。幽默反击既不伤人，又能立竿见影、反客为主，能在谈笑自若、云淡风轻中轻易化解人与人之间的尴尬、龃龉与冲突。

萧伯纳是英国诙谐剧作大师，一次在一场盛大的游园会上，一个衣冠楚楚

的年轻人上前问他："你是萧伯纳先生吧？听说你父亲只是一个裁缝。"年轻人的语气充满了轻蔑与不屑。

萧伯纳点头微笑道："不错，我的父亲是个裁缝。"年轻人步步紧逼："那……你为什么不学他呢？"

萧伯纳依然不生气，他笑看了年轻人一眼道："听说你父亲是个谦恭有礼的君子？"年轻人扯了扯衣领，高贵又骄傲地说："对呀，大家都知道！"

萧伯纳说："那你为什么不学他呢？"

年轻人顿觉羞愧万分赶紧闪人了。

萧伯纳的做法叫"以子之矛，攻子之盾"。面对年轻人的讽刺与恶意的攻击，萧伯纳采用轻松幽默的方式将了他一军，大快人心。

3.三十六计走为上策

如果你觉得你实在应付不了这样的尴尬场景，那么，你就给自己找个借口迅速离开现场。但你一定要为自己找一个恰当的理由，否则，只会让对方心中留下歉意。比如，你可以找个借口说："我今天还有点事，回头再跟你说吧，你也该忙了！"

当然，与人交往，并不是每个人都心存善意。面对不善的交谈，男孩们，你一定要有快速识别和反应的能力，只有这样，你才能迅速解决这一尴尬情况。

社交场合冷场时如何巧妙救场

生活中，人们参与社交，都希望交流沟通的气氛能融洽热烈。但事实情况却是，因为彼此间不相熟识或者找不到合适的话题，现场气氛常会冷场。如果这种氛围不被解决，最终只会让交往各方都不欢而散。生活中的男孩们，当你遇到这种问题时，应该学会见机行事，发挥自己的机智和口才，说几句渲染气氛的话，这样就能带动大家的谈话兴趣。

1984年5月，美国总统里根到上海复旦大学做访问。里根总统与一百多位中国学生初识于一间大教室里，他说了这样一句开场白："其实，我和你们学校有着密切的关系。你们的谢希德校长同我的夫人南希是美国史密斯学院的校友呢！这么看来，我和各位自然也都是朋友了！"话毕，他赢得了全场的热烈掌声，成功拉近了与一百多位异国学生的心理距离，接下来的谈话更是轻松、融洽。

里根总统这番话，表达出了自己渴望与学生们亲近的愿望，让学生们看到了他的亲切，自然也就拉近了与学生们的距离。

的确，社交场合最怕的就是冷场，如果你能在冷场时主动站出来，炒热现场的气氛，让沟通畅快地进行下去，那么，势必会赢得他人好感，让他人愿意与你结交。

那么，在遇到这种情况下，说哪些话能巧救冷场呢？

1.天气

天气是每个人都关心的问题，因为天气对于生活的影响太大了。天气不好，不妨发表一下自己的苦恼："今天这天儿，我都穿得像南极企鹅了。"天气很好，不妨同声赞美；如果某地遇到暴雨或者干旱等天气异常情况，也可以拿出来谈谈，因为那是人人都关心的话题。

2.坦白自己的感受

当性格内向的你出席了一个周围都是陌生人的聚会时，与其你自己在角落里一个人嘀咕"我太害羞了，与这种聚会格格不入"，还不如直接告诉坐在你身边的陌生人，或许正是这句话，让你们彼此成为知音。

一次，美国作家阿迪斯与另外写过一本书的心理学家谈话。阿迪

斯通常对这类的访问都能应付自如,并会从中受益,所以当他发觉自己结结巴巴,不知怎样开口时,简直大吃一惊。最后阿迪斯说:"不知为什么我对你有点害怕。"结果,那位心理学家对阿迪斯这个说法产生了兴趣,随即大家就自然地聊起来了。

3.以轰动一时的社会新闻为话题

这也是闲谈的资料。假使你有一些特有的新闻或特殊的意见和看法,那足以把一批听众吸引在你的周围。

社交场合常常因为各种原因而出现冷场的情况,此时,能否见机行事解决问题不但考验了你的社交能力,还体现了你的应变能力。

当然,你也应当避免谈一些令人扫兴的话。在初次交往时,彼此各自都有一定的意图,所以纯属个人生活的事情不要多谈,可能没有人愿意听你高谈阔论,但可以对时下的人所共知的社会现象、热点问题等谈谈看法。

第18章

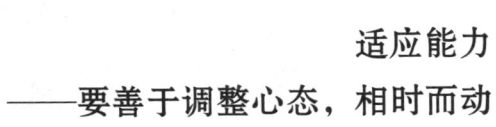

适应能力
——要善于调整心态，相时而动

　　生活中，我们每一个人，也包括正处于成长期的男孩们，在人生路上都有可能遇到一些难题，它会阻碍我们前进，甚至让我们心灰意冷，但请一定要记住，明天还未来到，昨天已经过去，你只有学会适应当下，才能调整好心态，才能真正把握大局，才能找到前进的路！

抱怨环境，不如改变自己

生活中的男孩们，我们先来看下面一个故事：

在美国的一所小学里，有这样一个班级，这个班级的学生比较特别，他们一共有26个人，都是失足的孩子，他们有的进过少管所，有的吸过毒，总之是让老师和家长失望透顶。

在这个班级成立后，一位叫菲拉的女老师接手了。在她给学生们上的第一节上，她并没有如人们想象的那样整顿班级纪律，而是在黑板上给孩子们出了一道选择题。让孩子们根据自己的判断选出一位在后来能够造福于人类的人。她列出3个候选人：

甲：笃信巫医，有多年的吸烟史，嗜酒如命，还有两个情妇；

乙：有正经工作，但却不珍惜，每天睡到中午才起床，钟爱酒精，每天都要喝一斤多的酒，还吸食过鸦片；

丙：曾有过辉煌的历史，是国家的战斗英雄，不吸烟喝酒、坚持食素，从不违法。

结果大家都选择丙。

菲拉公布答案,甲是富兰克林·罗斯福,连续担任过四届美国总统;乙是温斯顿·邱吉尔,英国历史上最著名的首相;丙是阿道夫·希特勒,法西斯恶魔。

孩子们看呆了,不明白为什么结果会是这样,接下来,菲拉满怀激情地告诉大家:

"孩子们,一个人,无论他的过去是荣誉还是耻辱,那只能代表过去,更重要的是他的现在和将来,只要你从现在开始决定做你想成为的人,并为之努力,你就能成为一个了不起的人。"

菲拉的这番话,改变了这26个孩子一生的命运。其中,就有今天华尔街最年轻的基金经理人——罗伯特·哈里森!

的确,菲拉的话是正确的,过去的生活,不管如何辉煌或暗淡,都随着时光如流水般远去。但我们不难发现,生活中,总是有人抱怨现下自己所处的环境。生活对于他们来说,似乎永远都不快乐。要知道,羁绊于过去,是很难洒脱地走向美好明天的。一个人,只有学会放下对环境的坏情绪,适应环境,才能有意识地改变自己,最终改变命运。

因此,每个青少年阶段的男孩,你都要记住一句话:你改变不了环境,但你可以改变自己;你改变不了事实,但你可以改变态度。

教育改革家魏书生说过:多改变自己,少埋怨环境。每当埋怨环境,或者觉得环境对我不公时,我总是想起这句话,心态也就平衡了,心里也就舒坦了。自己改变了,该来的一切都会来。

对此,你需要在两个方面进行调整:

1.善于调整期望值

人们对新环境的适应性差,大都与其事先对新环境的期望值定得过高、不切实际有关,当你按照这个过高的目标来执行,而最终落空时,难免会产生失落感,就会感到事事不如意、不顺心,必然影响情绪,与环境格格不入。

2.主动适应客观现实

当自己对新环境不习惯的时候,最好不要首先埋怨客观环境,而应从主观方面想一想,看一看自己的认识、态度和做事方式是否有需要改进的地方,进而自觉地从自身做起,改变自己的旧习惯、旧做法,努力去适应环境的要求。

总之,在面对不如意的环境时,我们不能完全站在个人角度,以自己的好恶为标准看待客观环境,而应从大局出发、从发展的角度来看待环境。只有对客观环境有了正确的认识,才可能自觉地改造自己,适应环境。

第18章
适应能力——要善于调整心态，相时而动

适者生存，头脑灵活才能解决难题

当今社会，任何人要想在竞争中脱颖而出，都不能忽视思维的力量，那些头脑灵活、拥有思想的人在这个社会更有打拼的出路。因为打拼的过程中，谁都会遇到难题，只有开发大脑，做到运筹帷幄，才能解决现下的难题。诚然，在难题面前，任何人都可能会产生一些焦躁的情绪，但焦躁对于事情的解决毫无帮助，我们只有静下心来，才能冷静地思考解决的方法。

因此，男孩们，在训练自己的适应能力这一问题上，你们同样要告诉自己，适应环境并不意味着要被动适应，更要学会运用思维的力量来突破困境。相信牛仔大王李维斯的故事你已经耳熟能详。

李维斯是家喻户晓的"牛仔大王"，在他年轻的时候，他也曾投入西部淘金的热潮中。

一天，去西部的一行人突然被一条大河挡住了前进的路，大家苦等数日，一直没有出现船只。接下来，要过河的人越来越多。李维斯看到这种情形，脑海中产生了一个好点子：摆渡。就这样，李维斯挖到了人生的第一桶金。

当然，随着时间的流逝，摆渡的生意越来越清淡。再后来，李维斯又发现了一个赚钱之道——卖水。因为来西部淘金的人很多，然而，西部却很干旱。就这样，他又赚到了一大笔钱。再接下来，与他抢生意的人越来越多。

终于有一天，一个身材强壮的人对他威胁道："小伙子，以后你别来卖水了，从明天早上开始，这儿卖水的地盘归我了。"他原以为这人只是在开玩笑，没想到，第二天，对方看到他还在卖水，便二话不说对他一顿暴打，最后还将他的水车也拆毁了。

就这样，李维斯不得不再次无奈地接受现实。然而就在他心灰意冷时，脑袋中却又闪现了另外一个想法，并且，他做到了——把那些废弃的帐篷收集起来，洗干净后，缝制成衣服，那么一定会有人愿意买。就这样，他缝成了世界上第一条牛仔裤。从此，他一发不可收拾，最终成为举世闻名的"牛仔大王"。

李维斯为什么能最终成为"牛仔大王"？那是因为他有变通的思维，在原来的赚取财富的路已经行不通的时候，他能果断地放弃，并不断地寻找新的机遇。

1.学会变通

聪明的人总是能做到不断变通，根据当下情况的变化作出明智的决定。于是，他们能不断找到成功的机遇，即使在困境中亦是如此，因为他们从不会因满足于眼前的现状而停止思考，李维斯的成功就说明了头脑在困境中的力量。

2.转变思维

生活中,失败平庸者多,除是心态问题外,还有思维能力问题。他们在遇到问题时,总是挑选容易的倒退之路。"我不行了,我还是退缩吧。"结果陷入失败的深渊。成功者遇到困难,总能心平气和,并告诉自己:"我要!我能!""一定有办法。"

3.与时俱进

的确,这个世界上没有任何事是一成不变的,生命在不断向前,我们的生活也是如此。因此,我们的思维也需要做到与时俱进。有时候,可能你觉得你已经进入了死胡同,但事实上,这只是你没有找到出路而已,而改变事物的现状就是运用思维的力量,思路一变方法来,想不到就没办法,想到了又非常简单,人的思维就是这样奇妙。有一句话说得好:"横切苹果,你就能够看到美丽的星星。"

因此,男孩们,要有智慧,就要有一颗善于思考的头脑。真正的"有头脑",指的是善思考、勤实践,有思想、智慧、远见、卓识和才干。一个人虽然长着脑袋,但若不善用脑袋,没有思想、智慧、远见、卓识和本领,是不能算是有头脑的。

遇到困难，要有调整自我和迎难而上的心境

现实生活中，我们每个人都有自己的目标，大部分人也都会为自己的目标奋斗。然而，目标的实现是一件需要恒心和耐力的事。现实案例告诉我们，百分之九十的失败者其实不是被打败，而是自己放弃了成功的希望。

因此，生活中的男孩们，即使你现在还处于读书时代，但你也有必要提高自己的适应能力和耐挫力，这样，在未来社会，无论你遇到什么，你都能做到咬紧牙关，不放弃最后的努力。的确，成功与不成功之间的距离，并不是一道巨大的鸿沟，它们之间的差别只在于是否能够坚持下去。相信你也听过席维斯·史泰龙的故事。

在好莱坞，史泰龙大名鼎鼎，是不折不扣的大腕。然而，谁能想到，在出名之前，史泰龙的生活非常困窘，甚至买不起一件穿得出去的西服。即便生活如此艰难，他依然在坚持梦想：当演员，拍电影，功成名就。史泰龙知道，好

莱坞有500家电影公司。为了让拜访更加有效，他事先设定了线路图，按照规划好的顺序挨家拜访。他还带着剧本，那是非常适合他的剧本。然而，逐个拜访下来，他居然被500家电影公司都拒绝了。这样的打击，对于大多数人来说都是致命的，为什么500家公司中没有任何一家公司对他感兴趣呢？史泰龙没有气馁，他再次按照名单和线路图，开始了第二轮拜访。这需要多么大的勇气和自信啊，命运似乎在和他开玩笑，他的第二轮拜访依然毫无所获。没关系，史泰龙坚信自己有一天一定会成为电影明星，抱着这个梦想，他开始了第三轮拜访。这轮拜访的前349家公司，依然给予他拒绝。终于，第350家电影公司的老板对史泰龙的剧本表现出了稍许的兴趣。看完剧本后，老板通知史泰龙去公司详细聊聊。这次，史泰龙为自己争取到出镜的机会，而且是男一号。这部电影的名字叫《洛奇》，这个剧本就是史泰龙创作的。

从此之后，电影史上多了一个演员的名字——史泰龙，也多了一部富有传奇色彩的电影——《洛奇》。仅仅是逐一拜访500家电影公司，听上去就已经有点儿不可思议。更让人惊讶的是，在被500家电影公司拒绝后，史泰龙选择重新拜访一次，并且在第二轮拜访也毫无结果的情况下，开始了第三轮拜访。第三轮拜访听起来也不那么顺利，毕竟是到第350家影视公司，老板才想看看他的剧本。这需要多么顽强的毅力和勇气。如果没有自信，史泰龙一定无法坚持下去。可以说，史泰龙是踩着一次次失败，才能登顶的。

生活中的男孩们，看看史泰龙的今天，再看看他的昨天，你们一定知道自己应该怎么做了吧。每一个成功人士的背后，都充满着无数次的失败。他们之所以能够获得成功，是因为他们坦然接受失败，并且将失败变成自己进步的阶梯。从失败中积累的经验、汲取的教训，对于我们行走人生之路大有裨益。

其实，排除追求理想这一点，即使生活中的小事，你也应该做到迎难而上。只要你能做到调整自我，那么，你就能继续满怀希望地朝着目标努力。那么，在失败面前，你需要做怎样的调整呢？

1.努力接受不可避免的事实

的确,在追求目标的路上,总是会出现我们无法预料的因素,我们渴望成功,但结果并不一定如我们所想象,那么,我们面对不能避免、不可改变的事实——失败,最好的态度就是接受事实,做出积极乐观的反应。一个人,只有学会承受失败,才能节省下精力去为成功创造条件。没有人能有足够的情感和精力,既抗拒不可避免的事实,又创造一个新生活,你我只能在其中选一个。那么,聪明的你会如何选择呢?

2.迎难而上

接受失败并不是选择一蹶不振,适应环境也绝非消极适应,适应是一种积极的姿态,也就是说要善于发挥自己的主观能动性,有意识地利用环境中有利的因素,强化自己的个性,为自己的发展开拓更大的生存发展空间,进而在新环境中有所作为,做出更大贡献。这是一种更高层次上的适应能力。

总之,男孩们,你需要明白的是,任何人,都不必对环境苛求,而应该不断提高自己的适应能力,努力与现实接轨,才能注重脚下的路,才能一步一步走向未来。

第19章

创新能力
——创新让一切生机勃勃

未来社会，创新能力对于竞争的重要性早已毋庸置疑。生活中的男孩们都是未来社会的主人，应当具有锐意变革的精神，才能使自己始终处于竞争中的有利地位。而实际上，做到创新并不是一件易事，因为我们每一个人都有一个固定的思维方式，在这个思维方式中我们所有想法、做法都存在一定的惯性。因此，要做到创新，你首先就要学会打破固有的思维方式，并学会尝试运用你从来没有运用过的方式来解决一个问题，这样你会做得更好。

突破常规，超越现在

生活中，我们经常说要打破定势思维。这里的定势思维，就是按照积累的思维活动、经验教训和已有的思维规律，在反复使用中形成的比较稳定的、定型化了的思维路线、方式、程序、模式。定势思维有时有助于问题的解决，有时会妨碍问题的解决。

事实上，一个人之所以能够迈入成功人士的行列，一半在于他的努力与智慧，一半在于他恰逢时机地打破了常规。

比尔·盖茨说："所谓机会，就是去尝试新的、没做过的事。可惜在微软神话下，许多人在做的，仅仅是去重复微软的一切。这些不敢创新、不敢冒险的人，要不了多久就会丧失竞争力，又哪来成功的机会呢？"

因此，生活中的男孩们，虽然现在的你们还处于学习阶段，但如果你想培养自己的创新能力，就必须要学会突破，因为只有突破，才有超越。

第 19 章
创新能力——创新让一切生机勃勃

其实，很多成功的门都是虚掩着的，只有勇敢地去叩开它，大胆地走进去，才能探寻出个究竟来。或许，那时呈现在你眼前的真的就是一片崭新的天地。

生活中的男孩们也一定要摆脱和突破一种思维定势的束缚，这常常需要付出极大的努力。对此，你们需要做到：

1.培养灵活的个性

善于适应环境表现出了人的个性的灵活，它能调节人与环境的关系，优化自己的心境和情绪，促进自己内在的动力。人们常说，性格决定命运，你一旦培养了自己这一方面的性格，也就获得了成功的入场券。

2.不苛求自己和他人

不苛求，就是要做到情感和生活上的超脱，不为小利小益局限自己的思维。一个人如果能眼光长远，必定能做到思维独到。

总之，你只有做一个能灵活处世、善于变通的人，勇于向一切规则挑战，敢于突破常规，才可以在未来社会赢得他人无法得到的胜利。

抛弃守旧，敢为人先

生活中，我们不难发现，很多青少年阶段的男孩，经常被埋在书海中，每天除了学习就是做题，年纪轻轻，就显得过于老成。他们满脑子都是危机意识，做事时也总被条条框框束缚而不敢释放自己，而最终，他们也只能碌碌无为。

在第一次世界大战期间，法国有个很著名的上校叫泰勒。当时，他任第六师师长，他的处事方式很令人钦佩。

一次，他与儿子告别，他告诫儿子："孩子，记住：你的姓是泰勒，泰勒这个姓代表着做事能力。你永远不要将路让给其他敢于冒险的人走，你要敢于冒险，让他们将路让出来。"

接着，他继续说道："你看大街上人头攒动、交通阻塞。但呼啸的消防车飞驰而过时，大家都自动地让出路来。可能你以后会偶尔感到失落、沮丧甚至软弱，但只要你拿出勇气，只要你迈步向前，沮丧、软弱都会躲开你。"

勇敢地尝试新事物，你就可以迈进从未进入的领域，从而发现新的机会。

生命原本是充满机会的，千万别因放弃尝试而错过机会。

事实证明，如果能够跨越传统思维的障碍，掌握变通的艺术，就能应对各种变化，在变化中寻找到新机会，在变化中获取新利益。在我们的生命中，有时候必须做出困难的决定，开始一个新的过程。只要我们愿意放下旧的包袱，愿意学习新的技能，我们就能发挥自己的潜能，创造新的未来。我们需要的是自我改革的勇气与再生的决心。

现代社会，不敢冒险就是最大的冒险。没有超人的胆识，就没有超凡的成就。生活中的每个男孩都要敢于尝试，敢于挑战自己。这样，你就有了做第一个成功者的机会。拥有胆量是使人从优秀到卓越的最关键的一步。你需要勇气，需要胆量，你不是弱者，机会是给敢于迎接挑战准备的人！

因此，新世纪的男孩们，你也应该跨越传统思维的障碍，应该时时刻刻寻求新的变化，并敢于释放自己、改变自己。当然，要做到敢为人先，你还必须在现下的生活和学习中加以练习。为此，你需要做到：

1.丰富自己的知识结构以开阔视野

在我们的日常生活和工作中，常常用视野比喻人的眼界开阔程度，眼光敏锐程度，观察与思考的深刻程度等。可以说，视野是不是开阔，是衡量人的综合素质的重要标尺。而视野开阔与否，取决于对知识掌握的多少，取决于思想理论水平的高低。常言道，学然后知不足。勤于学习的人，越学越能发现自己的不足，于是会想方设法充实自己、提高自己，学到的东西越多，视野会随之越来越开阔。

2.打破现有的安逸假象

一个人不愿改变自己，往往是舍不得放弃目前的安逸状况。而当你发觉不改变不行的时候，你已经失去了很多宝贵的机会。

因此，即使你现在每天衣来伸手饭来张口，但你必须要明白，未来社会，你必须要一个人生存、参与社会竞争，你必须要有随时改变自己、更新自己的意识。

3.告诉自己"我能行"

生活中，许多人常常说"我不行"。而他们之所以会有这样的意识，是因为两个方面的原因：一个是自我意识，二是外来意识。前者是自我否定，后者是他人的否定，而要摆脱这一负面的意识，你必须要在内心反复暗示自己："我能行。"

4.多做一些曾经没有做过的事

做曾经不敢做的事，本身就是克服恐惧的过程。如果你退缩、不敢尝试，那么，下次你还是不敢，你永远都做不成事。只要你下定决心、勇于尝试，那么，这就证明你已经进步了。在不远的将来，即使你会遇到很多困难，但你的勇气一定会帮你获得成功。

任何成功都源于改变自己，你只有不断地剥落自己身上守旧的缺点，才能做到敢为人先，才能抓住第一个机会，才能实现自己的进步、完善、成长和成熟。

有勇有谋，智勇双全

人们常说："成功取决于思考和智慧。"盲干之人，没有思想之人，不管付出多大代价和牺牲，也难以成功。曾经统治罗马帝国的伟大的哲学家巴尔卡斯·阿理流士说："生活是由思想造成的。"恩格斯也曾慨叹："地球上最美丽的花朵是思维着的精神。"思想和智慧来自对知识不懈的追求。谁勤于培溉自己的思想之花、智慧之苗，谁就能收获累累硕果。

生活中的每个男孩都应该认识到智慧在创新过程中的重要性。如果你是个什么都敢于尝试的人，那么，你是一个勇者，但如果你希望获得成果，那么，你就要学会用智慧指导行动。要知道，机遇是个挑剔的女神，只垂青于肯动脑筋、爱用智慧的经营者。没有全面的素质和一双洞察机遇的眼睛，又怎么能够开启成功创富的大门呢？

的确，做任何事，要想取胜，都不能鼠目寸光，急功近利，跟风冒进，而要有远大的眼光，顺应形势的要求，把握时代的脉搏和趋势，从而因势利导，

225

采取适当的措施。

可以说，做任何事，智是一种见识，勇是一种胆魄。有谋无勇，会因缺乏胆魄而夭折。有勇无谋，也将会因缺乏智慧而失败。

那么，生活中的男孩们，在创新过程中，你该如何做到智取呢？

1.坚定自己的信念

不要走别人走过的路，而要走没有人走过的路，并留下自己的脚印。要敢于做别人做不到的事情。当你想要突破常规，做别人没做过的事的时候，你周围的人可能会认为你不正常、异想天开，因此而嘲笑你、疏远你。这些都不重要，重要的是，你做到了他人无法做到的事情，这也是现在及未来让你感到自豪的事情。

2.挖掘自己的潜质

也就是说，你不一定要彻头彻尾地改变、否定以前的一切，你可以对自己的资源进行一种全面整合，也可以对自己未知的潜质进行挖掘。很多事实证明，有所成就者，并不一定是学历最高、最"守规矩"、最勤快的人，而是那些肯动脑筋、突破常规的人。

3.挑战中要把握机会，减少风险因素

培根曾说过："我们要时时注意，勇气常常是盲目的，因为它没有看见隐

伏在暗中的危险与困难，因此，勇气不利于思考，但却有利于实干。所以有勇无谋的人，只能让他们做帮手，而绝不能让他们当领袖。"的确，冒险是需要勇气的，但敢于冒险并不等于有勇无谋，有道是："富贵险中求，成功细中取。"冒险绝不等于蛮干，它是建立在正确的思考与对事物的理性分析之上的。

当然，风险越大，报酬越高。机遇稍纵即逝，优柔寡断，迟疑不决，将会错失良机。所以，你还需要有勇气。只有敢作敢为，敢于承担责任和风险，敢于直面困难和障碍、挫折和失败的人，才能抓住机遇获得成功。

参考文献

[1]李少聪.好习惯成就男孩一生[M].北京：人民邮电出版社，2016.
[2]彭凡.优秀男孩的习惯胜经[M].北京：化学工业出版社，2017.
[3]董亚兰，郭志刚.男孩要有好习惯[M].北京：北京理工大学出版社，2018.
[4]苑玉伏.培养有能力的男孩[M].北京：企业管理出版社，2014.